Schriften des Vereins für Socialpolitik

Gesellschaft für Wirtschafts- und Sozialwissenschaften

Neue Folge Band 115/IX

SCHRIFTEN DES VEREINS FÜR SOCIALPOLITIK

Gesellschaft für Wirtschafts- und Sozialwissenschaften

Neue Folge Band 115/IX

Studien zur Entwicklung der ökonomischen Theorie IX

Duncker & Humblot · Berlin

Studien zur Entwicklung der ökonomischen Theorie IX

Von

R. D. Collison Black, H. Grossekettler,
H. Rieter und D. Schneider

Herausgegeben von Harald Scherf

Duncker & Humblot · Berlin

CIP-Titelaufnahme der Deutschen Bibliothek

Studien zur Entwicklung der ökonomischen Theorie / hrsg. von
Harald Scherf. – Berlin: Duncker und Humblot.
   (Schriften des Vereins für Socialpolitik, Gesellschaft für Wirtschafts-
   und Sozialwissenschaften; N. F., Bd. 115)
   Teilw. hrsg. von Fritz Neumark. – Teilw. hrsg. von Bertram Schefold
NE: Scherf, Harald [Hrsg.]; Neumark, Fritz [Hrsg.]; Schefold, Bertram
   [Hrsg.]; Gesellschaft für Wirtschafts- und Sozialwissenschaften:
   Schriften des Vereins . . .
   9. von R. D. Collison Black . . . – 1990
   ISBN 3-428-06986-2
NE: Collison Black, R. D.

Satz: Hagedornsatz, Berlin 46
Druck: Alb. Sayffaerth – E. L. Krohn, Berlin 61
Printed in Germany
ISSN 0505-2777
ISBN 3-428-06986-2

Vorwort

Vom 12.-14. 3. 1986 traf sich der Dogmenhistorische Ausschuß des Vereins für Socialpolitik in Stuttgart und diskutierte in den Räumen der Industrie- und Handelskammer Mittlerer Neckar Referate seiner Mitglieder. Besondere Freude bereitete die Mitwirkung von Prof. R.D.C. Black, Belfast, die zu der Hoffnung Anlaß gibt, zukünftig zu einer engeren Zusammenarbeit mit der History of Economic Thought Society zu gelangen.

Alle Teilnehmer der Stuttgarter Tagung werden sich nicht nur an die ausgezeichnete organisatorische Vorbereitung durch Prof. Winkel, sondern auch an seine Führung durch das Hohenheimer Schloß und an einen genußreichen Abend im Schloßkeller dankbar erinnern.

Harald Scherf

Inhaltsverzeichnis

W.S. Jevons and the development of marginal utility analysis in British economics

By *R. D. Collison Black*, Belfast

I.

Forty years or so ago most histories of Economic thought contained references to"a veritable revolution in the methods and conceptions" of economic theory occurring in the early eighteen-seventies (cf. Gide and Rist, 1909 (1948 ed.), p. 485) and, as Schumpeter said, "according to a familiar tradition from which it is convenient to start, this revolution centered in the rise of the marginal utility theory of value that is associated with the names of three leaders: Jevons, Menger and Walras." (1954, p. 825).

As a corollary of this traditional view it followed that W. S. Jevons was seen as a major innovator in English economic thought — the first effective exponent of the marginal utility approach to the theory of value in a country whose political economists had for the preceding century not only exerted unparalleled influence on the development of the subject, but used it in favour of an objective, real cost treatment of value problems.

Does this traditional view now require revision in the light of more recent research and the re-assessment which some authors have consequently made of the progress of English economic thought in the period from about 1830 until 1871? That is the question with this paper is concerned.

In speaking here of 'recent research' I am not thinking of the pioneering work done by Seligman in rediscovering "Some Neglected British Economists" (Seligman, 1903), nor even of Marian Bowley's *Nassau Senior and Classical Economics* (1937), for long itself a minor classic. As a result of that work it was well recognised, even before Schumpeter wrote his *History of Economic Analysis*, that the period between the publication of Ricardo's and J. S. Mill's *Principles of Political Economy* had also witnessed the publication of works by a number of British "dissenters" in which subjective theories of value had been developed with varying degrees of completeness. In some few of these works the principle of diminishing marginal utility had been employed either implicitly or explicitly.

All this has by now been so long and so well-known that it requires no further comment. I have in mind rather the considerable volume of writing which appeared around the time of the commemoration of the centenary of the "Marginal Revolution", especially Professor Bowley's revision of her earlier views (Bowley 1972 and 1973); the development by Maurice Dobb and others of the view that there are in fact two traditions in value theory in this period — both stemming from Smith but one running from Ricardo to Marx, the other from Malthus through Senior and J. S. Mill to Marshall; and most recently Professor Hollander's contention that "Ricardianism and neo-classicism — while not sharing identical procedures and certainly not identical preoccupations — have in common a similar 'central core' amounting to allocation theory based upon the mechanisms of demand and supply" (1985, Vol. I, p. 245).

Now, none of these contributions really amounts to more than a reinterpretation of the basic view that English classical economics in the period before Jevons comprised two groups — the supporters and promoters of the Ricardo-Mill orthodoxy on the one hand and a varied group of more heterodox political ecconomists on the other. But the reinterpretations themselves vary greatly in their assessments of the size and importance of the different groups and of the significance of the work of each group for the later development of economic ideas. However my concern here is not to discuss and criticise these interpretations as such, but merely to consider what revisions, if any, they may require us to make in the accepted view of the place of Jevons in the development of marginal utility analysis in Britain.

My treatment of this question falls into three sections. In the first I shall look at Jevons's own account of the theories of utility and of exchange, emphasising what I consider to be their characteristic features. In the second I consider the influence of his predecessors on Jevons, both as he saw it and as we may now see it, and in the third I deal with the relationship of Jevons to his successors in English economics.

II.

In the Preface to the second edition (1879) of his *Theory of Political Economy* (hereafter *T. P. E.*) Jevons asked his readers "to bear in mind that this book was never put forward as containing a systematic view of Economics. It treats only of the theory, and is but an elementary sketch of elementary principles" — which elsewhere in the same Preface he described as "the tracing out of the mechanics of self-interest and utility" (Jevons, 1879; 1970, pp. 67 and 50). Now this is explicit enough, but it is important to understand precisely what Jevons had in mind. This has seldom been better explained than in a little known comment by F. W. Taussig, Marshall's contemporary at Harvard, in which he described Jevons as "concerned chiefly with advocating a new method and a new point of view — the *method* of mathematics and the *point of view* of final utility" (1896, p. 305; emphasis in original).

It is certainly true that Jevons attached great importance to the view that Economics must employ mathematical methods. His studies in logic and the philosophy of science had led him to the conclusion that "there can be but two classes of sciences — those which are *simple logical* and *those which, besides being logical, are also mathematical.* If there be any science which determines merely whether a thing be or be not — whether an event will happen, or will not happen — it must be a purely logical science; but if the thing may be greater or less, or the event may happen sooner or later, nearer or farther, then quantitative notions enter, and the science must be mathematical in nature, by whatever name we call it." There was no doubt in his mind as to the class to which Economics belonged — "to me it seems that *our science must be mathematical, simply because it deals with quantities.* Wherever the things treated are capable of being *greater or less,* there the laws and relations must be mathematical in nature" (1879; 1970, pp. 80 and 78; emphasis in original).

I have elsewhere argued that "if Jevons was attempting to set out the core of economic behaviour (as a process of maximising utility) then it would seem that the mathematical logic of the process should have been more important to him than the psychological assumptions of hedonism and I think that Jevons's own statements are consistent with this view" (Black, 1973, p. 107). Now if indeed Jevons was placing the primary and major stress on the mathematical formulation of economising behaviour it might seem that this would naturally lead him towards a supply and demand analysis of value problems — in effect to something akin to modern treatments of price determination; but such was not the case. To Jevons the essence of economising behaviour was the maximisation of the net sum of pleasures and pains; if the first essential was to explain it with the aid of mathematical techniques the second and no less essential part was to use those techniques in "tracing out the exact nature and conditions of utility" (1879; 1910, p. 106). Jevons himself argued that "the chief difference between the old and the new doctrines is, that the old ones involve a crude and partially false mathematical theory, and the new ones, as I venture to maintain, a true mathematical theory. This difference arises, as I believe, from overlooking the importance of a thorough analysis of the notion of utility" (1874; 1972-1981, Vol. III, p. 78).

We need not here enter into the now long familiar details of that thorough analysis, which hinged around the distinction between 'total utility' and 'final degree of utility', but for the purposes of this paper it may be helpful to draw attention to some features of it which tend nowadays to be overlooked or taken for granted.

First of all, utility is obviously capable of being greater or less and therefore, on Jevons's criteria, amenable to mathematical treatment. This brings up the question of the measurement of quantities of utility and Jevons did not overlook or deny the difficulties which this must involve. He attempted to meet them, perhaps not successfully, by arguing that his treatment "seldom involves the comparison of quantities of feeling differing much in amount. The theory turns upon those critical points where pleasures are nearly, if not quite, equal" and that "it is from the *quantitative effects of the feelings that we must estimate their comparative amounts*" (1871; 1970, pp. 83, 85). It might seem then that the simplest course would be not to investigate the feelings themselves but to confine the theory of value to a study of their quantitative effects, but that was not the course which seemed appropriate to Jevons. "Economics must be founded upon a full and accurate investigation of the conditions of utility", he declared (1879; 1970, p. 102). Why then did Jevons consider that the concept of utility was so fundamental to his theory of value? To that question he himself gave a clear answer — "Prevailing opinions make labour rather than utility the origin of value; and there are even those who distinctly assert that labour is the *cause* of value. I show, on the contrary, that we have only to trace out carefully the natural laws of the variation of utility, as depending upon the quantity of commodity in our possession, in order to arrive at a satisfactory theory of exchange, of which the ordinary laws of supply and demand are a necessary consequence" (1879; 1970, p. 77. Emphasis in original).

Jevons thus appears to have shared with his classical predecessors the view that a theory of value must go beyond the phenomena of demand and supply to some more fundamental explanation which for him was to be found in utility, not labour. "Labour is found often to determine value, but only in an indirect manner, by varying the degree of utility of the commodity through an increase or limitation of the supply." (ibid.).

This view of Jevons's position on the significance of utility analysis in relation to the theory of value receives support from his comparison of Cournot's work with his own. Having praised Cournot's chapter on the "Loi du Debit" as a "beautiful example of mathematical reasoning" Jevons says "it should be added that his investigation has little relation to the contents of this work, because Cournot does not recede to any theory of utility, but commences with the phenomenal laws of supply and demand" (1871; 1970, p. 59).

If by his emphatic assertion on the very first page of the text of *T. P. E.* "that *value depends entirely upon utility*" Jevons had made clear his break with classical political economy, it should also have been clear to later readers that this also revealed an important difference in approach from neo-classical economics as later developed by Walras and Marshall. As one historian of economic thought long ago pointed out "not *pleasures* as psychological reactions but factual *demands* were what mattered to Marshall" (Whittaker, 1940, p. 453), but for Jevons the opposite was true.

III.

This brings us to the question of Jevons's relationship to his predecessors and successors in English economic thought. I shall look first at those relationships as they were perceived by Jevons himself, considering finally the way in which they are now perceived.

In the first edition of *T. P. E.* Jevons made only a limited number of references to economists whose approach he considered similar to his own, either in the use of mathematical methods or in utility theory. The mathematical writers mentioned were Whewell and Tozer, of whose attempts to set out the propositions of classical economics in symbols Jevons was fairly dismissive: "it can hardly be said that they lead to new truths", he declared (1871, p. 17). Fleeming Jenkin whose "Graphic Illustration of the Laws of Supply and Demand" had stimulated Jevons to write up his own theory in book form, received a bare mention (along with the now forgotten H. D. Macleod) but pride of place went to Dionysius Lardner whose *Railway Economy* (1850) contained a graphic illustration of the relation between fares, gross receipts and net profits. Jevons later described Lardner's as the book to which "I was probably most indebted, having been well acquainted with that work since the year 1857" (1879; 1970, p. 50).

On utility theory the only one of the now well-known group of "English Dissenters" to receive a mention by Jevons was Nassau Senior whose 'Law of Variety' in consumption he set out approvingly. W. E. Hearn's treatment of the nature of wants was also noticed by Jevons, but he declared that "the writer who seems to me to have reached the deepest comprehension of the foundation of Economy, is Mr. T. E. Banfield" (1871, p. 49). Banfield (1800-1882) had resided in Germany for some years as tutor to the sons of King Ludwig I of Bavaria. In lectures delivered at Cambridge in 1845 he introduced his English hearers to the "principles that foreign authors have laid down", referring to the works of Hermann, Storch, Rossi and von Thuenen. Banfield developed a theory of consumption in which the basic proposition was "that the satisfaction of every lower want in the scale creates a desire of a higher character" and it was this which Jevons quoted approvingly.

However, it was Richard Jennings (1814-1891) whom Jevons declared to be "the writer who appears to me to have most clearly appreciated the nature and importance of the law of utility." In his *Natural Elements of Political Economy* (1855) Jennings had endeavoured to relate psychology and physiology to economics. Defining consumption as concerned with the contemplated effects of external objects upon man, he declared it to be "but too well known ... that the degree of each sensation which is produced, is by no means commensurate with the quantity of the commodity applied to the senses" (Jennings, 1855, p. 96).

Jevons in fact based his statement of the law of diminishing marginal utility on Jennings's physiological generalisation that the strength of response to a stimulus diminishes with each repetition of it within a specified time — and not, as later became general practice, on purely introspective grounds. Jevons's listing of his precursors in utility analysis thus contains some unexpected names, and also some surprising omissions. Among these are Longfield and W. F. Lloyd, now regarded as outstanding among early exponents of the utility approach and the marginal principle. It is possible that Jevons had read these authors but if so he cannot have felt that he learnt much from them for he was normally scrupulous in the acknowledgement of his debts to other writers.

In fact it is notable that in later editions of *T.P.E.* the list of "mathematico-economic writings" in which Jevons recognised that his theories had been anticipated grew considerably, but the number of references to early utility theories did not. It is also noteworthy that Jevons found most of his mathematical predecessors to have come from Germany, France and Italy rather than from England. Jevons became acquainted with the work of Cournot and Dupuit, and in August 1878 Robert Adamson (his successor at Owens College, Manchester) drew to his attention the work of Gossen. After studying it as well as his limited knowledge of German allowed Jevons unhesitatingly admitted that "Gossen has completely anticipated me as regards the general principles and method of the theory of Economics." Somewhat ruefully he admitted that "from the year 1862, when my theory was first published in brief outline, I have often pleased myself with the thought that it was at once an important and novel theory. From what I have now stated it is evident that novelty can no longer be attributed to the leading features of the theory" but he went on to say "regret may easily be swallowed up in satisfaction if I succeed eventually in making that understood and valued which has been so sadly neglected" (1879; 1970, pp. 61-63).

This passage typifies Jevons's attitude towards his predecessors in the mathematical theory of political economy. He had evolved his ideas independently and believed them to be wholly original, but he made every effort to discover predecessors and then to make their work known to his professional colleagues even though it meant sacrificing his own claims to priority.

No account of Jevons's relations with his predecessors would be complete without some reference to John Stuart Mill, but this relationship falls into a class by itself. Jevons's antipathy towards Mill is by now legendary, and, like most legends, by now it probably contains more elements of fiction than of fact. Certainly there was nothing personal about Jevons's attitude towards Mill, for whom he seems to have had the deferential respect which it might be expected a liberal Victorian would have for a man of undeniable attainments almost thirty years his senior. Yet it is equally certain that Jevons often felt a kind of exasperated resentment when the almost reverent awe in which Mill was held in mid-Victorian England was extended to his doctrines and served to prevent criticism of them. Mill's political economy Jevons thought to be by no means beyond criticism but allowed that his *Principles* "is not the maze of self contradictions which his Logic undoubtedly is" (Jevons, 1972-81, Vol VII, p. 101). Nevertheless, on the subject of value Mill's *Principles* did contain such categorical statements as — "Commodities which are susceptible of indefinite multiplication without increase of cost. Law of their Value, Cost of Production" and the famous "Happily, there is nothing in the laws of value which remains for the present or any future writer to clear up; the theory of the subject is complete"

(1848; 1909, pp. 436). It is hardly surprising that Jevons, who had seen the 1862 version of his own theory "received without a word of interest or belief" (Jevons, 1972-81, Vol. I, p. 188), should have felt obliged to re-state it in 1871 in a form calculated to underline its novel features.

IV.

In one sense Jevons had a great many successors insofar as by the end of the nineteenth century virtually every teacher of economics in Britain was giving a course of lectures or writing a textbook in which the marginal utility theory figured. Yet while this was the theory which Jevons had pioneered, it was being taught and propagated in the form which Marshall had developed, and Marshall was at pains to make clear that he was not a disciple of Jevons, nor indebted to him for any of his ideas. As is well known, Marshall's first response to Jevons's *T. P. E.* (in a review in *The Academy* April 1, 1872) was grudging praise — not surprisingly, for Jevons's forthright criticism of "the Ricardo-Mill doctrines" and prominent use of mathematics in his text was the very antithesis of Marshall's own approach. Marshall, who came to know Jevons personally in later years, formed a great respect for his abilities. "There are few thinkers whose claims on our gratitude are as high and as various as those of Jevons", wrote Marshall in 1890 — but he still felt compelled to add "but that must not lead us to accept hastily his criticisms on his great predecessors" (1890; 1961, Vol. I, p. 820).

The Marshallian type of partial equilibrium theory which dominated English economics for half a century after the publication of his *Principles* in 1890, although it contained a marginal utility analysis of consumer behaviour is far removed from Jevons's style of approach to the problem, and it is a serious mistake to think of the development of value theory in England in the late nineteenth century as running in a straight line from Jevons to Marshall.

Because of the particular system of teaching at Cambridge Marshall was in a position to exert a strong influence on his pupils. Jevons, who at Manchester and London only lectured to undergraduates mostly not intending to specialise in economics, did not have this advantage. In consequence, he only had two followers in the true sense of the word; but they were good ones — Edgeworth and Wicksteed. Both combined in a notable degree interest in the questions which interested Jevons and ability to investigate and develop them further.

Edgeworth as a young man was both a committed utilitarian and a competent mathematician. Jevons's *T. P. E.* led him from utilitarianism to mathematical economics and, as Sir John Hicks had pointed out, "the preface to Jevons's second edition of his *Theory* ... obviously served as a reading list for Edgeworth's first publication on economics — *Mathematical Psychics* (1881)" (1984, p. 163). Edgeworth's contract curve and the analysis of the equilibrium of perfect competition based upon it has its origins in Jevons's theory of exchange.

To Wicksteed it was the potentialities of the marginal technique which appealed, rather than the utilitarian philosophy, and these he exploited to the full in his *Common Sense of Political Economy* (1910). Like Edgeworth he had a sympathetic understanding of the subtleties of Jevons's theories, but in the history of marginal utility theory in Britain he merits a special place for his use of Jevonian analysis to convince George Bernard Shaw of the falsity of Marx's use of the labour theory of value, thus influencing the doctrines of the British Fabian Society for many years.

If, then, Jevons's disciples were few it does not follow that this influence was small. He possessed in a remarkable degree the ability to originate ideas which contained a potential for further development and which provided challenge and interest to later generations of economists, even down to the present day.

V.

After this review of Jevons's theory of utility and exchange, and his predecessors and followers, let me now return to try to answer the question which I posed at the outset — in the light of recent research what revisions, if any, are required in the accepted view of the place of Jevons in the development of marginal utility analysis in Britain?

In dealing with this it is helpful, I think, to bear in mind that historical perspective is by its very nature constantly shifting. The perspective in which Jevons viewed the work of his predecessors, and the perspective in which we view it are not the same, and there is no reason why our assessment of that work should be the same as his. Yet the traditional assessment of Jevons's work in relation to that of his precursors has been based on the assessment he himself made, and when that traditional view has been criticised the criticism has tended to include Jevons also.

We need, I think, to separate these two things. To look at Jevons's own assessment first, there is no doubt that he tended to overstate the differences between this theory of value and that of his classical predecessors, especially in the first edition of *T. P. E.* Nor need there be much doubt as to the reasons for his doing this. Professor Bowley has pointed out that none of the economists who developed subjective theories of value in the period after Ricardo "seem to have regarded themselves as doing more than clear up particular problems. No revolutionary significance was attached to these discussions ..." (1972, p. 27). Why then did Jevons feel it necessary to present his theory as revolutionary in 1871?

The answer must surely lie in the often-discussed state of political economy in the preceding decade and in the influence of J. S. Mill. Political economy did then, as Bagehot said, "lie somewhat dead in the public mind" and Mill had declared that in its key subject, the theory of value, there was "nothing ... to clear up." Jevons had experienced the effects of this when in 1862 he first presented his new theory to the British Association in an unemphatic, detached manner, only to have it ignored. Now in 1867 - 69 as a consequence of the wages-fund controversy interest in value theory was beginning to revive, as was evidenced by Fleeming Jenkin's 1868 paper on "Trade Unions. How far legitimate?" which contained a mathematical statement of the laws of supply and demand (Jevons, 1972 - 81, Vol. III, p. 166). It is not surprising that in these circumstances Jevons felt a necessity to emphasise the novelty of his theory and the extent of his departure from Mill. Nevertheless in later years he went to considerable lengths to search out the work of his predecessors and to make it and the work of his European contemporaries known to his colleagues in Britain.

In the longer perspective which we can adopt more than a century later it is evident, as is now accepted, that the "Marginal Revolution" was a process rather than an event and Jevons was simply an important contributor to that process.

The process of evolution from classical to neo-classical economics in fact continued throughout Jevons's professional lifetime, from 1862 to 1882, and I would argue that his work can be seen as essentially transitional. The *Theory of Political Economy* exemplifies this clearly; as I have emphasised, both here and elsewhere (Black, 1982) it is a utilitarian text, in which the pleasure of consumption has always to be set off against the pain of labour — a pain which can be felt only by individuals, but not by institutions — which amounts for the often-remarked lack of a theory of the firm in Jevons's work. In fact in *T. P. E.* he combined a neo-classical theory of consumer behaviour with a thoroughly classical theory of production.

Yet even if we can now see Jevons's contribution of marginal utility theory as part of a long transition, of a process of evolution rather than revolution, this does not down-grade his achievement. Many of his English predecessors had had important insights into utility analysis but no one before Jevons had set out the whole theory so clearly, both verbally and mathematically. However one evaluates the context in which the work was set, that remains an achievement of the first importance.

References

Black, R. D. Collison (1973). W.S. Jevons and the Foundation of Modern Economics, pp. 98 - 113 in: The Marginal Revolution in Economics, ed. R. D. C. Black, A. W. Coats and C. D. Goodwin. (Durham, North Carolina, Duke University Press).

Black, R. D. Collison (1982). Transitions in Political Economy. The Manchester Special Lectures, University of Manchester (unpublished).

Bowley, Marian (1937). Nassau Senior and Classical Economics. London, G. Allen & Unwin.

Bowley, Marian (1972). The Predecessors of Jevons — the Revolution that Wasn't. The Manchester School, Vol. XL, No. 1, pp. 9-30.

Bowley, Marian (1973). Utility, the Paradox of Value and "all that" and Classical Economics. Studies in the History of Economic Theory before 1870. (London, G. Allen & Unwin), pp. 133-157.

Gide, Charles and *Rist*, Charles (1909; 1948). A History of Economic Doctrines. (Second English Edition, London, G. G. Harrap).

Hicks, John R. (1984). Francis Ysidro Edgeworth, pp. 157-174 in: Ecconomists and the Irish Economy, edited by A. E. Murphy (Dublin, Irish Academic Press).

Hollander, S. (1985). The Economics of John Stuart Mill (2 vols Oxford, Basil Blackwell).

Jennings, Richard (1855). Natural Elements of Political Economy. (London, Longmans, Brown Green & Longmans).

Jevons, W. Stanley (1871). Theory of Political Economy first edition. (London, Macmillan & Co).

Jevons, W. Stanley (1879: 1970). Theory of Political Economy. Pelican Classics Edition, ed. R. D. Collison Black (Harmondsworth, Penguin Books).

Jevons, W. Stanley (1972-81). Papers and Correspondence of William Stanley Jevons, edited by R. D. Collison Black, Vols. I-VII (London, Macmillan).

Marshall, Alfred (1890: 1961). Principles of Economics. Ninth (variorum) edition by C. W. Guillebaud. London, Macmillan & Co.

Mill, J. Stuart (1848: 1909). Principles of Political Economy, edition by W. J. Ashley. (London, Longmans, Green & Co).

Schumpeter, Joseph A. (1954). History of Economic Analysis. (London, G. Allen & Unwin).

Seligman, Edwin R. A. (1903). On Some Neglected British Economists. Economic Journal, Vol. XIII, pp. 335-363 and 511-535.

Taussig, F. W. (1896). Wages and Capital. (London, Macmillan & Co).

Whittaker, Edmund (1940). A History of Economic Ideas. (New York, Longmans, Green & Co).

Die Staatsverschuldung aus der Sicht Lorenz von Steins*

Von *Heinz Grossekettler*, Münster

1. Einführung und Überblick

Lorenz von Stein und speziell seine Sicht der Staatsverschuldung haben ein seltsames wissenschaftliches Schicksal durchlitten: Einerseits wird v. Stein als Mitglied des „Dreigestirns Stein, Wagner und Schäffle" der Zeit der „Verwissenschaftlichung" und „Blüte" der deutschen Finanzwissenschaft zugerechnet[1] und als besonders tiefer Geist hoch gelobt[2]; hierbei gehört sein Wort „... ein Staat ohne Staatsschuld thut entweder zu wenig für seine Zukunft, oder er fordert zu viel von seiner Gegenwart"[3] wohl zu den am häufigsten zitierten Sätzen von Finanzwissenschaftlern überhaupt. Andererseits hat schon v. Schmoller ihn als einen Schriftsteller bezeichnet, „den außer Gelehrten niemand liest (und) den man daher auch um so ungestrafter plündern und ausschreiben kann, ohne sich nebenher ein Gewissen daraus zu machen, ihn totzuschweigen oder über ihn loszuziehen"[4].

Immerhin: Bei den *Juristen* steht v. Stein, steht namentlich seine Verwaltungslehre hoch in Ehren, und dort hat es auch so etwas wie eine Stein-Renaissance gegeben[5]. Außerdem hat Heilmann 1984 seinen Beitrag zur Steuerlehre ausführlich gewürdigt[6]. Deshalb liegt es nahe, nun auch sein drittes großes

---

* Das Manuskript dieses Beitrags wurde bereits 1986 vorgelegt; neuere Literatur konnte deshalb i. d. R. nicht berücksichtigt werden.

[1] F. *Meisel:* Geschichte der deutschen Finanzwissenschaft im 19. Jahrhundert bis zur Gegenwart, in: W. *Gerloff* u. F. *Meisel* (Hrsg.), Handbuch der Finanzwissenschaft, 1. Bd., Tübingen 1926, S. 245 ff., hier 256 ff. und S. 289. *Meisel* kritisiert freilich, daß *v. Stein* sich immer mehr zum Verwaltungswissenschaftler entwickelt hat (a. a. O., S. 271).

[2] E. *v. Beckerath:* Die neuere Geschichte der deutschen Finanzwissenschaft (seit 1800), in: W. *Gerloff* u. F. *Neumark* (Hrsg.), Handbuch der Finanzwissenschaft, 2., völlig neu bearb. Aufl., 1. Bd., Tübingen 1952. S. 416 ff., hier S. 425.

[3] Lorenz *v. Stein*, Lehrbuch der Finanzwissenschaft. Als Grundlage für Vorlesungen und zum Selbststudium mit Vergleichung der Finanzsysteme und Finanzgesetze von England, Frankreich, Deutschland, Oesterreich und Rußland, 3., vielf. verb. und verm. Aufl., Leipzig 1875, S. 716.

[4] G. *Schmoller:* Zur Literaturgeschichte der Staats- und Sozialwissenschaft, Leipzig 1888, Kapitel „Lorenz von Stein", S. 114 ff., hier S. 115.

[5] Vgl. den von R. *Schnur* herausgegebenen Sammelband: Staat und Gesellschaft. Studien über Lorenz von Stein, Berlin 1978.

[6] M. *Heilmann:* Lorenz von Stein und die Grundprobleme der Steuerlehre. Ein Beitrag zur Geschichte der Finanzwissenschaft, Heidelberg 1984.

Thema — die Staatsverschuldung — einmal im Lichte der heutigen Lehre Revue passieren zu lassen. Ich möchte dabei auch die Person würdigen und werde deshalb so vorgehen, daß ich

● zunächst den biographischen und zeitgeschichtlichen Hintergrund zu skizzieren versuche, vor dem das Steinsche Werk entstanden ist (GP 2),
● sodann die Stellung der Ausführungen zur Staatsverschuldung im Steinschen Gesamtwerk (GP 3.1) und im Rahmen der Dogmengeschichte darstelle (GP 3.2),
● anschließend seine Regeln für die Aufnahme von Schulden (GP 4.1) und für deren „Verwaltung" diskutiere (GP 4.2) und
● zum Schluß seine wichtigsten Thesen noch einmal zusammenfasse (GP 5).

2. Biographischer und zeitgeschichtlicher Hintergrund des Steinschen Werkes

Lorenz von Stein wurde am 15. 11. 1815 in Eckernförde als Wasner Jakob Lorentz geboren[7]. Die Mutter (Anna Juliane Elisabeth Stein) und der Vater (Obristleutnant Lorentz Jacob v. Wasner) waren nicht miteinander, sondern jeweils anderweitig verheiratet: die Mutter mit dem Sergeanten Carl Friedrich Stein, der sie 1807 (wohl wegen der Liaison mit v. Wasner) verließ und 1815 in Leipzig starb; der Vater mit Sophia Henningia von Brockdorff, die sich 1804 von ihm trennte, als er sein Gut verkaufen und aus Geldmangel in den aktiven Dienst des dänischen Königs zurückkehren mußte. Steins Mutter, die ihren Sohn entgegen der Taufbescheinigung Lorenz Jacob Stein nannte, hatte insgesamt acht Kinder. Die letzten drei hatten v. Wasner zum Vater, der sich nach anfänglichen Kaschierungsversuchen auch zu Steins Mutter und seinen Kindern bekannte und die Erziehung von Lorenz selber in die Hand nahm. Er sorgte dafür, daß dieser 1821 in das Christians-Pflegeheim aufgenommen wurde, eine militärisch-straff geführte Erziehungsanstalt mit guter Ausbildung, in der die älteren Schüler bei der Erziehung der jüngeren mitwirkten.

An sich war es üblich, daß die Zöglinge elf Jahre im Christians-Heim verblieben, anschließend zu einem Handwerker in die Lehre gegeben wurden und nach deren Abschluß dann acht Jahre als Soldat dienten. Der Leiter der Schule — ein Hauptmann Kron, der es später bis zum General brachte und den v. Stein als väterlichen Freund betrachtete — erkannte jedoch bald, daß der

---

[7] Zu den biographischen Angaben vgl. W. *Schmidt:* Lorenz von Stein. Ein Beitrag zur Biographie, zur Geschichte Schleswig-Holsteins und zur Geistesgeschichte des 19. Jahrhunderts, Eckernförde 1956, S. 10 ff. (m. w. N.). Ergänzende Daten findet man in: H. *Taschke:* Lorenz von Steins nachgelassene staatsrechtliche und rechtsphilosophische Vorlesungsmanuskripte. Zugleich ein Beitrag zu seiner Biographie und zu seinem Persönlichkeitsbegriff, Heidelberg 1985, S. 21 ff. *Schmidt* hat mit den Nachkommen v. *Steins* gesprochen (vgl. *Taschke,* ebenda,. S. 23), und *Taschke* hat den Nachlaß ausgewertet. Die sich aus diesen beiden Quellen ergebenden Daten dürften deshalb die genauesten sein, die heute verfügbar sind.

junge Stein besonders begabt war. Er stellte den Sechzehnjährigen 1831 bei einer Visite König Friedrich VI. von Dänemark vor. Angeblich soll v. Stein dabei gesagt haben, er wolle eigentlich nicht Soldat, sondern Professor werden. Jedenfalls bewilligte der König ein Stipendium für die Lateinschule in Flensburg, an der v. Stein dann 1835 das Abitur ablegte.

Am 8. 5. 1835 immatrikuliert sich v. Stein unter dem Namen „Lorenz Jacob Stein (von Wasner)" in der Christian-Albrecht-Universität Kiel, und zwar nicht — wie ursprünglich geplant — als Theologiestudent, sondern als stud. jur. et phil. Seinen Lebensunterhalt bestreitet er aus Stipendien des dänischen Königs und der Stadt Flensburg sowie durch das Fertigen von Preisschriften. Nach eigenem Bekenntnis beschäftigt er sich hauptsächlich mit Rechtsgeschichte und Philosophie[8]; er wird hierbei wohl vor allem vom Werk G. W. F. Hegels — in Kiel vermittelt durch den Rechtsphilosophen Christiansen — sowie von der rechtshistorischen Schule F. K. v. Savignys geprägt, die in der Kieler Juristenfakultät von dem Germanisten N. Falck vertreten wurde[9].

Wenn man die geistigen Einflüsse ermessen will, denen sich v. Stein als Student ausgesetzt sah, muß man sich die erste Hälfte des 19. Jahrhunderts vergegenwärtigen: Da sind

- auf der einen Seite
  - die europäischen Monarchen und Regierungen, welche die französische Revolution noch lebhaft vor Augen haben,
  - das auf dem Wiener Kongreß (1814/15) nach dem „System Metternich" restaurierte Europa und
  - die von K. W. Fürst Metternich inspirierten Karlsbader Beschlüsse (1819); diese sind eine Reaktion auf die Ermordung A. v. Kotzebues, des Verspotters der liberalen Ideen der Burschenschaftler, und richten sich vor allem gegen die Universitäten und gegen die akademische und literarische Freiheit[10];

- auf der anderen Seite
  - die großen Ideen des 19. Jahrhunderts — Demokratie, Nationalstaat, Sozialismus —,
  - der „Pauperismus" der langen Wirtschaftskrise im Anschluß an die Napoleonischen Kriege (Kondratieff-Stockung 1819-1843),
  - die Julirevolution in Frankreich (27.-29. 7. 1830),
  - die verfassungsstaatlichen Bestrebungen in Europa und
  - die romantisch, national und liberal gesonnenen Burschenschaften, die

---

[8] Vgl. hierzu den bei *Schmidt* [a.a.O. (Fn. 7), S. 141 f.] abgedruckten Brief an *Echtermeyer*.

[9] Vgl. W. *Schmidt*, a.a.O. (Fn. 7), S. 22f.

[10] Vgl. G. *Mann:* Politische Entwicklung Europas und Amerikas 1815-1871, in: *derselbe* (Hrsg.), Weltgeschichte. Eine Universalgeschichte, 8. Bd.: Das neunzehnte Jahrhundert, Gütersloh 1980, S. 367ff., hier S. 389.

sich durch den Deutschen Bund (1815-1866) um das von ihnen
angestrebte großdeutsche Reich gebracht sehen.

● Und schließlich dämmert auch bereits die Krise um Schleswig-Holstein
herauf, das ja nur mit Holstein zum Bund gehört und seit 1460 in
Personalunion mit Dänemark verbunden ist.

Lorenz v. Stein erweist sich vollkommen als Kind dieser Zeit, als Student des
Vormärz. 1836 wird er zum Mitbegründer einer Burschenschaft, der Albertina,
in der u. a. auch Theodor Mommsen Mitglied ist und die später zu den
Keimzellen der Märzrevolution gehören wird. Trotz der burschenschaftlichen
Betätigung gewinnt er mit einer kleinen Schrift einen Preis, der es ihm
ermöglicht, 1837/38 zwei Semester in Jena zu verbringen. Hier hört er
hauptsächlich bei dem Historiker und Ökonomen H. Luden, der Schüler
J. G. Fichtes ist und sowohl die nationalstaatliche Orientierung v. Steins als
auch dessen Suche nach einem vernunftbestimmten Recht verstärkt haben
dürfte[10a].

Wieder in Kiel, legt v. Stein 1839 das juristische Examen ab, bei dem ihm das
selten verliehene Prädikat eines „1. Charakters" erteilt wird. Es schließt sich eine
Zeit als Volontär in Kopenhagen an, eine Art Referendariat, innerhalb dessen
v. Stein auch an seiner Dissertation über den dänischen Zivilprozeß arbeitet[11].
Gleichzeitig veröffentlicht er einen ersten Artikel in den Hallischen und später
Deutschen Jahrbüchern, einem u. a. von dem Privatdozenten A. Ruge heraus-
gegebenen Organ der („linken") Junghegelianer für deutsche Wissenschaft und
Kunst. Ruge, der später (1844) zusammen mit Karl Marx die Deutsch-
Französischen Jahrbücher herausgibt, wird von da an zum Förderer v. Steins.

1840 auf eigenen Wunsch aus dem Staatsdienst entlassen, wird v. Stein im
gleichen Jahr in Kiel promoviert[12] und erhält vom König ein Reisestipendium,
das er zunächst für einen Berlin-Aufenthalt nutzt. Hier vertieft er seine
Bekanntschaft mit Ruge und setzt sich in der Gemeinschaft der Junghegelianer
mit den Ideen Hegels auseinander.

Die nächste Station ist Paris. Dort arbeitet er sich von 1841-1843 in die
französische Sprache und die französische Rechtsgeschichte ein, schreibt eine
Arbeit über die Gemeindeverfassung Frankreichs[13], studiert die Lehren der

---

[10a] Zu H. *Ludens* Schriften vgl. K.-H. *Schmidt:* Die wirtschaftliche Entwicklung und
die nationalökonomischen Auffassungen zur Rolle des Staates in der 1. Hälfte des 19. Jh.,
in: H. *Scherf* (Hrsg.), Studien zur Entwicklung der ökonomischen Theorie VI, Berlin
1988, S. 65 ff., hier S. 81.

[11] L. *v. Stein:* Die Geschichte des dänischen Zivilprozesses und das heutige Verfahren.
Als Beitrag zu einer vergleichenden Rechtswissenschaft, Kiel 1841.

[12] Wer der Doktorvater *v. Steins* war, konnte ich leider nicht ermitteln. Auch über die
geistigen Einflüsse in den Studienjahren gibt es nur Spekulationen. Vgl. hierzu H. *Taschke*
[a. a. O. (Fn. 7), S. 224 ff.].

[13] L. *v. Stein:* Die Munizipalverfassung Frankreichs, Leipzig 1843.

Sozialisten und Kommunisten und trifft auch deren führende Vertreter, u. a. Louis Blanc. Aus diesen Studien und Begegnungen entsteht v. Steins Buch: „Der Sozialismus und Kommunismus des heutigen Frankreichs. Ein Beitrag zur Zeitgeschichte" (Leipzig 1842). Mit diesem wird er über Deutschlands Grenzen hinaus bekannt.

1843 kehrt v. Stein nach Kiel zurück und kündigt — was einem Inhaber des Doktorgrades damals dort auch ohne Habilitation möglich war — Vorlesungen über Rechtsgeschichte und Staatstheorien an[14]. Die Kieler Fakultät ist damals sehr jung und vom burschenschaftlichen Geist beseelt. Heute noch bekannt sind der Historiker J. G. Droysen, der später Mitglied der Frankfurter Nationalversammlung war und als Professor in Berlin Begründer der preußisch-kleindeutschen Historikerschule wurde, sowie der Germanist R. v. Liliencron, der als Professor in Jena Mitherausgeber der Allgemeinen Deutschen Biographie wurde und 1865-1869 eine noch 1966 nachgedruckte Sammlung deutscher Volkslieder vom 13. bis zum 16. Jahrhundert herausgab. v. Stein paßt gut in diesen Kreis hinein und bittet den dänischen König mit Verweis auf seine drei Bücher (über den dänischen Zivilprozeß, die französische Munizipalverfassung und den Sozialismus in Frankreich) und mit Unterstützung der Fakultät um eine außerordentliche Professur. Diese wird nach anfänglicher Ablehnung wegen v. Steins Zugehörigkeit zur „Bewegung" — den Burschenschaften — 1845 schließlich bewilligt. v. Stein ist damit endlich seine Geldsorgen los. Er heiratet im gleichen Jahr die Kaufmannstochter Dorothea Steger aus Kiel.

Ungeachtet dieser insgesamt recht großzügigen Behandlung und steten Förderung durch den dänischen König, setzt v. Stein als Professor seine politischen Aktivitäten im Sinne der „Bewegung" fort. Er tritt für einen selbständigen Staat Schleswig-Holstein ein, der Mitglied des Deutschen Bundes sein und später die Keimzelle für die Seegeltung eines Deutschen Reiches werden soll. Deshalb wirbt er auch für den Bau eines Nordostseekanals und — vor allem in den Hansestädten — für die Zoll- und Wirtschaftseinheit Deutschlands. Auf diese Weise gerät er gedanklich in die Nähe Friedrich Lists, mit dem ihn auch das Eintreten für den Eisenbahnbau verbindet. Diese Einstellungen bringen v. Stein mehr und mehr in eine Frontstellung zum dänischen König Christian VIII. und dessen Bestrebungen, Schleswig-Holstein (trotz des Gelöbnisses Christian I. von 1460) zu teilen und Schleswig-Holstein faktisch Dänemark einzuverleiben. Äußerer Ausdruck dieser Einstellung v. Steins ist die Mitarbeit an einem

---

[14] Der österreichische Kultusminister, Leo *Graf von Thun*, hat später in seiner Laudatio zur Berufung *v. Steins* nach Wien vorgetragen, *Stein* sei 1843 habilitiert worden [vgl. Beilage 1 zu A. *Novotny:* Lorenz von Steins Berufung nach Wien, in: L. *Santifaller* (Hrsg.),. Festschrift zur Feier des zweihundertjährigen Bestands des Haus-, Hof- und Staatsarchivs, II. Bd., Wien 1951, S. 474ff., hier S. 481]. Es gibt aber keine sonstigen Hinweise darauf, auch keine Aussage über einen Habilitationsvater oder eine Habilitationsschrift. Es spricht vielmehr alles dafür, daß *Stein* allein aufgrund seiner Werke ohne Habilitation direkt zum Professor ernannt wurde (s. u.).

Gutachten, in dem die dänischen Ansprüche von acht Kieler Professoren aus juristischer und historischer Sicht zurückgewiesen werden[15].

Bei solchen Grundansichten ist es nur folgerichtig, daß die am 24. 02. 1848 ausgebrochene französische Februarrevolution auf v. Stein wie ein Fanal wirkt und daß ihn die sich daran anschließende deutsche Märzrevolution als aktiven Kämpfer für einen deutschen Bundesstaat mit einer starken Volksvertretung und konstitutioneller Monarchie sieht[16], einer Monarchie, in welcher der König als Inkarnation der „Idee" des Staates über den „Sonderinteressen" der Gesellschaftsklassen stehen und das Gemeinwohl verwirklichen soll (vgl. unten).

v. Steins Aktivitäten in den Jahren von 1848-52 sind vielfältig und vor allem auch dadurch bedingt, daß Dänemark 1848 versucht, sich Schleswig einzuverleiben. Das löst in Deutschland einen Sturm der Entrüstung aus und führt dazu, daß preußische Truppen im Auftrag des Frankfurter Vorparlaments zunächst in Schleswig und dann auch in Dänemark einmarschieren. v. Stein bewirbt sich (erfolglos) um einen Sitz im ersten Schleswig-Holsteinischen Parlament (der 1848 gewählten Landesversammlung) und in der Frankfurter Nationalversammlung. Er arbeitet an Aufrufen und Denkschriften über die Errichtung einer deutschen Flotte mit und sorgt dafür, daß die Verhandlungsergebnisse des Hamburger Kongresses für eine deutsche Kriegsmarine an die Nationalversammlung weitergeleitet und dort diskutiert werden[16a]. Dies führt zur später bedeutsamen Bekanntschaft mit dem Vorsitzenden des Marineausschusses und späteren österreichischen Finanzminister K. L. v. Bruck (1798-1860). Außerdem wirbt v. Stein im Auftrag der provisorischen Schleswig-Holsteinischen Regierung in Paris für die Zugehörigkeit seines Landes zu Deutschland und veröffentlicht dabei die Broschüre: „La Question du Schleswig-Holstein" (Paris 1848). Schließlich wird er bei einer Nachwahl 1850 doch noch in die Schleswig-Holsteinische Landesversammlung gewählt und tritt dort für den Gedanken eines Zollvereins, für ein Wahlrecht „zwischen" Zensus- und allgemeinem Wahlrecht, für eine Justizreform und für die Pflege des Staatskredits ein.

Inzwischen ist in Frankfurt Friedrich Wilhelm IV. zum Kaiser der Deutschen gewählt worden (28. 03. 1849). Als er diese Wahl ablehnt (03. 04. 1849), macht sich in der Paulskirche, wie Golo Mann es ausdrückt, „die Mehrzahl der Abgeordneten ... aus dem Staube, überzeugt, daß es ihre Aufgabe gewesen sei, eine vollkommene Verfassung zu entwerfen, nicht aber deren Verwirklichung

---

[15] N. *Falck* et al.: Staats- und Erbrecht des Herzogtums Schleswig, Hamburg 1846.

[16] So die Ziele des „Deutschen Vereins" in Kiel, den *v. Stein* mitbegründet hat [vgl. W. *Schmidt*, a.a.O. (Fn. 7), S. 50].

[16a] Die „Flottenfrage"hat die Öffentlichkeit damals sehr bewegt. Man wünschte sich Deutschland als See- und Kolonialmacht. Vgl. hierzu G. *Moltmann:* Die deutsche Flotte von 1848/49 im historisch-politischen Kontext, in: *Deutsches Marine-Institut* u. *Militärgeschichtliches Forschungsamt* (Hrsg.), Die deutsche Flotte im Spannungsfeld der Politik 1848-1985, Herford 1985, S. 21 ff., hier vor allem S. 29.

durchzusetzen"[17]. Auch das Stuttgarter Rumpfparlament wird bald darauf aufgelöst. Preußen hat mit Dänemark einen Waffenstillstand geschlossen, und der 1850 restaurierte Deutsche Bund liefert Schleswig-Holstein auf Druck der nichtdeutschen Großmächte 1852 mit der Unterzeichnung des Londoner Protokolls den Dänen aus. Diese beginnen sofort mit der „Purifikation" der Beamtenschaft, und im Juli 1852 wird v. Stein zusammen mit sieben weiteren Professoren entlassen. Das trifft ihn arg, denn er hat sich dort, wo heute das Institut für Weltwirtschaft steht, gerade ein Haus gebaut.

Er hält sich und seine nunmehr um zwei Kinder angewachsene Familie durch eine publizistische Tätigkeit — u. a. ein Buch über Hauswirtschaftslehre — über Wasser[18]. Eine durch Steins Verleger Cotta vermittelte Berufung nach Würzburg scheitert — angeblich (aber nicht nachweisbar) am Einspruch Preußens. Endlich erfolgt unter Mithilfe der „Marinebekanntschaft" mit v. Bruck die Berufung nach Wien: Am 22. 03. 1855 spricht Kaiser Franz Josef die Ernennung zum ordentlichen Professor für politische Ökonomie aus, und schon im Sommersemester 1855 nimmt v. Stein seine Vorlesungstätigkeit auf[19]. Es folgen 35 Jahre, in denen Steins große Werke geschaffen werden und in denen sich auch die öffentlichen Ehrungen häufen: 1868 wird er in den erblichen Ritterstand erhoben, und 1878 wird er Mitglied der Akademie der Wissenschaften in Wien; die Universität Bologna macht ihn außerdem zum Ehrendoktor, und Japan ernennt ihn zum Berater für den Verfassungs- und Verwaltungsaufbau des zu modernisierenden Landes.

Politisch gesehen, sind diese Jahre immer noch durch bedeutende Ereignisse gekennzeichnet. Man denke an Stichworte wie Sezessionskrieg in Amerika (1861-65); Krieg Preußens und Österreichs gegen Dänemark zur Wiedereroberung Schleswig-Holsteins (1864/65); preußisch-österreichischer Krieg und Angliederung Schleswig-Holsteins an Preußen (1866); Gründung des Norddeutschen Bundes und Erlaß seiner Verfassung (1866/67); Bildung der Doppelmonarchie Österreich-Ungarn (1867); deutsch-französischer Krieg und Gründung des Deutschen Reiches (1870/71) sowie Niederschlagung der Pariser Kommune; Sozialistengesetze in Deutschland (1878), welche den Aufstieg des parlamentarischen Sozialismus aber nicht verhindern können und 1883 indirekt mit zur Bildung der Sozialversicherung beitragen; Gründung des Dreibunds zwischen Deutschland, Österreich-Ungarn und Italien (1882); Kaiserkrönung Wilhelm II. im Jahre 1888 und Entlassung O. v. Bismarcks sowie Umbenennung der „sozialistischen Arbeiterpartei" in „Sozialdemokratische Partei Deutschlands" im Jahre 1890 (ein äußeres Zeichen gewandelter Einstellungen). Insge-

---

[17] G. *Mann*, a.a.O. (Fn. 10), S. 499.

[18] L. *v. Stein:* Die wirtschaftliche Erziehung und die Lebensaufgabe der Hausfrau, 2 Bde., Leipzig 1852 (anonym).

[19] Auf der Liste standen außer *v. Stein* noch *Rau* (Heidelberg), *Hanssen* (Göttingen) und *Roscher* (Leipzig). Die näheren Umstände der Berufung sind geschildert in: A. *Novotny*, a.a.O. (Fn. 14).

samt tritt spätestens seit 1871 aber doch ein gewisses Maß an politischer Ruhe
ein. Man kann durchaus von einer Zeit des europäischen Gleichgewichts
sprechen[20].

Ganz anders die wirtschaftliche Entwicklung, welche die Entstehung des
Gleichgewichts der neuen Nationalstaaten und die sich anschließende Gleichge-
wichtsphase kennzeichnet. Etwa 1841 hat ein Kondratieff-Aufschwung begon-
nen, der bis ca. 1871/73 dauert und in Deutschland vor allem von der
Stahlindustrie sowie der Einführung von Dampfmaschinen und dem Eisenbahnbau getragen wird (vgl. Übersicht 1), während in den USA, Japan und
etwas später auch in Rußland die infrastrukturellen Voraussetzungen für die
Entwicklung zur Industriegesellschaft geschaffen werden. Nach 1871/73 beginnt zwar eine krisengeschüttelte Stockungsphase (in der auch v. Stein
aufgrund unglücklicher Engagements 1879 einen Teil seines Vermögens ver-
liert); der technische Fortschritt, die durch weltweite Verbesserungen der
Verkehrsinfrastruktur möglich gewordene Entstehung von Großunternehmen
und Agglomerationen und der Aufstieg Deutschlands zu einem führenden
Industriestaat gehen aber dennoch weiter.

v. Stein, der an all diesen Entwicklungen regen Anteil nimmt, muß 1877 den
Tod seiner ersten Frau beklagen. 1884 vermählt er sich dann zum zweiten Male.
Gesundheitlich geht es ihm jedoch immer schlechter. Er stirbt am 23. 09. 1890
und wird durch Trauerfeiern und Nachrufe im In- und Ausland hoch geehrt[21].
Seine ereignisreiche Lebensspanne ist in Übersicht 2 noch einmal in geraffter
Form dargestellt.

---

[20] Vgl. G. *Barraclough:* Das europäische Gleichgewicht und der neue Imperialismus,
in: G. *Mann* (Hrsg.), Weltgeschichte ..., a.a.O. (Fn. 10), S. 703 ff.
[21] Der bekannteste Nachruf auf *v. Stein* dürfte der von *Menger* sein: C. *Menger:*
Lorenz von Stein, in: JbfNatStat, III. Folge, Bd. 1 (1891), S. 193 ff. Weitere Werke über
v. Stein findet man in: E. *v. Beckerath* — N. *Kloten:* Artikel: „v. Stein, Lorenz", in:
HdSW, Bd. 10, S. 89 ff.; W. *Schmidt,* a.a.O. (Fn. 7), S. 137 f., und F. *Stammhammer* —
C. *Meitzel:* Artikel: „Stein, Lorenz von", in: HdSt, 4. Aufl., Bd. 7, S. 972 f. Ebenfalls
bekannt ist das Herausgebervorwort von G. *Salomon* in der in München erschienenen
Ausgabe der „Geschichte der sozialen Bewegung ..." von 1921 (S. V - S. XLIII). Dieses
Vorwort widerspricht in biographischer Hinsicht aber teilweise dem (mir zuverlässiger
erscheinenden) Buch von W. *Schmidt* [a.a.O. (Fn. 7)]. Außerdem nimmt es geistesgeschichtliche Einordnungen und Bewertungen (nicht nur *v. Steins,* sondern z. B. auch der
klassischen Nationalökonomen) vor, die ich nicht teilen kann.

Übersicht 1: Idealisierte Darstellung der Kondratieffzyklen

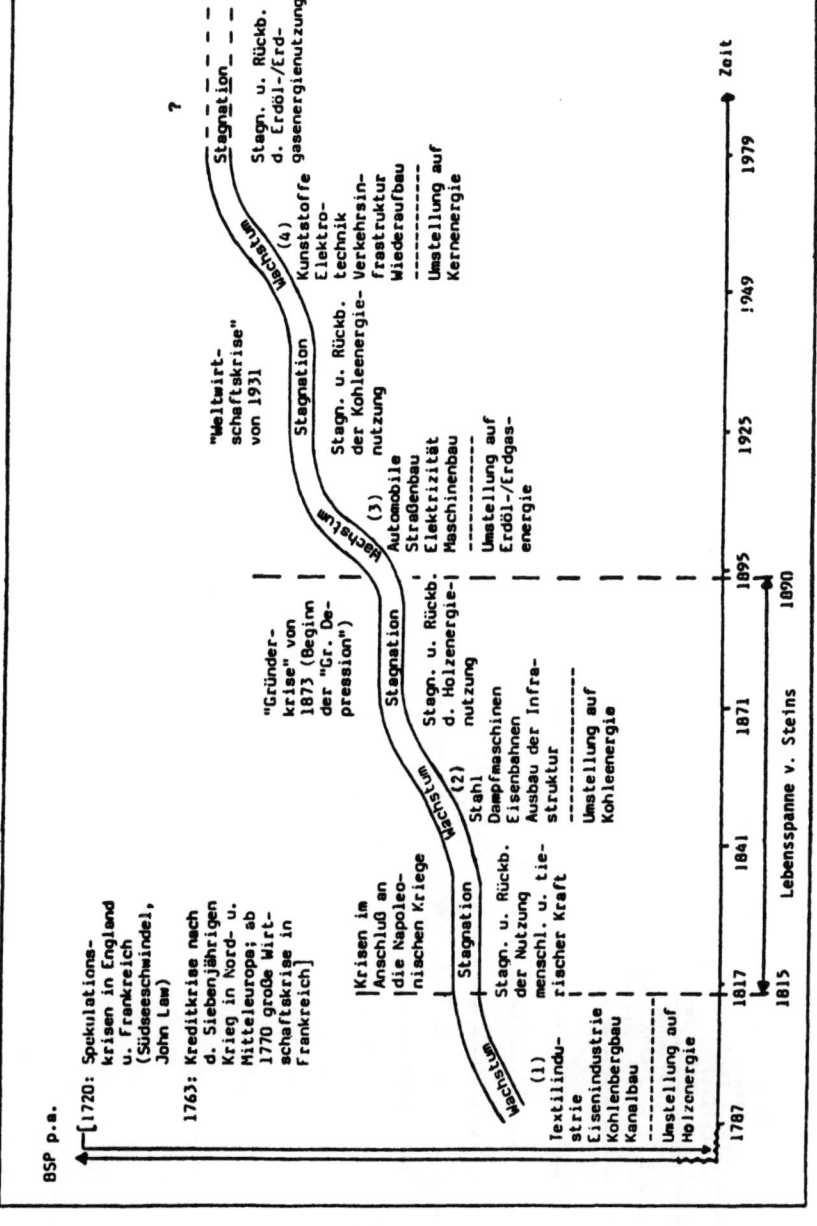

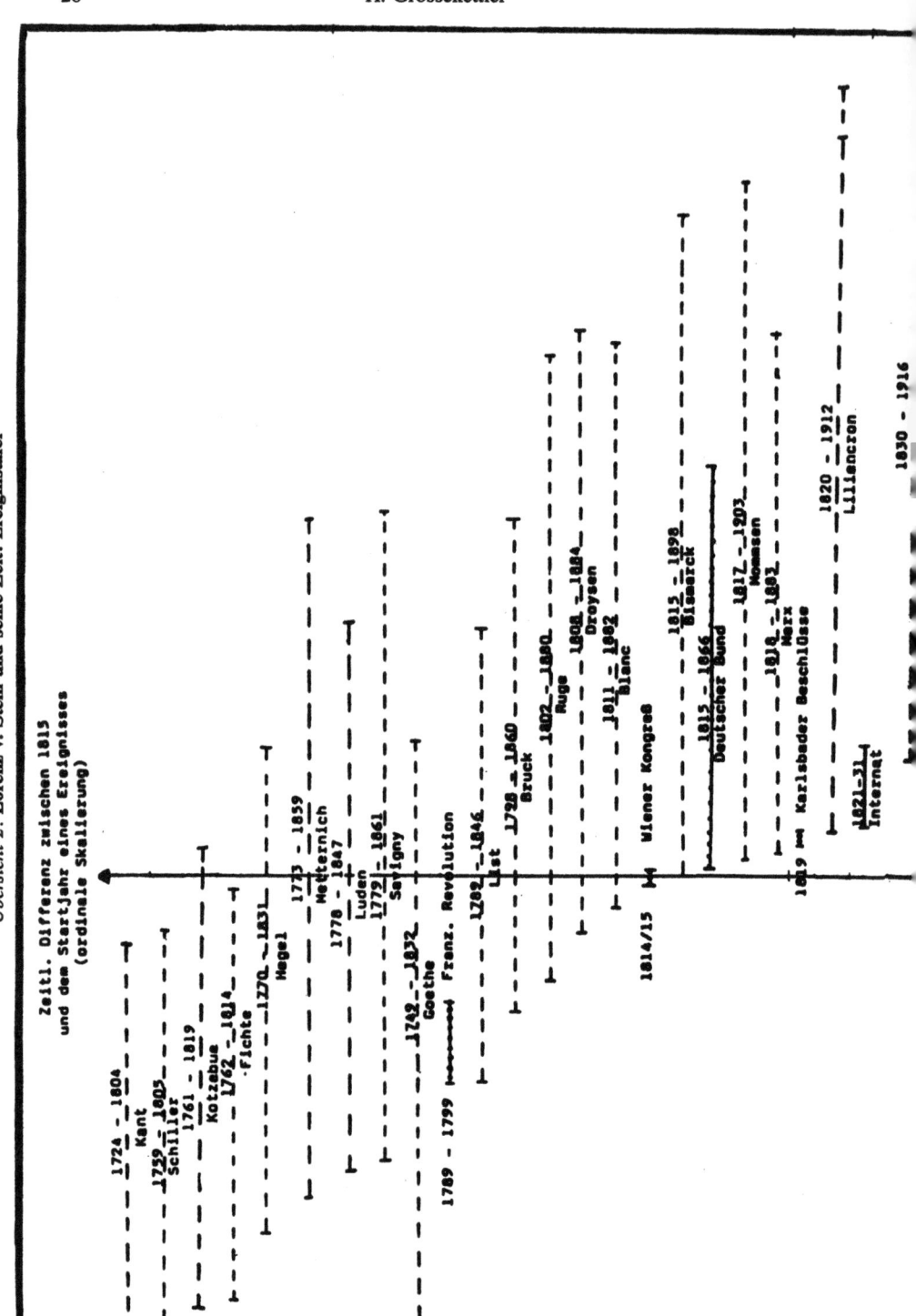

Übersicht 2: Lorenz v. Stein und seine Zeit: Ereignistafel

1835 - 1839 Studium Kiel

1836 Mitbegründung Albertina

1837 - 38 Studium Jena

1839 - 1840 Ref. in Kopenhagen

1841 - 1843 Studien in Paris

1845 - 52 a.o. Professur (jur.) in Kiel

1848 Februar- und Märzrevolution

1848 1. Krieg um Schleswig-Holstein

1848 - 1852 aktiver Politiker

1849 Ablehnung der Kaiserkrone durch Friedrich Wilhelm IV.

1852 Schleswig-Holstein wird dänisch.

1855 - 1885 o. Prof. f. polit. Ökonomie

1852 - 1841 Kaiser Wilhelm II.

1861 - 65 Sezessionskrieg

1864/65 2. Krieg um Schleswig-Holstein

1866 3. Krieg um Schleswig-Holstein

1866 - 1871 Norddeutscher Bund

1868 Erhebung in den Ritterstand

1870/71 Deutsch-französischer Krieg

1883 Gründung der Sozialversicherung

1871 Deutsches Reich

1888 Wilhelm II. Kaiser

1890 Entlassung Bismarck

Tod v. Steins

1815 1820 1830 1840 1850 1860 1870 1880 1890 1900 Zeit

Lebensspanne von Steins

Geburt v. Steins

Legende

⊢⊣ Lebensabschnitte v. Stein

╟- -╢ Lebensspannen von Zeitgenossen

⊢--⊣ politische Ereignisse

3. Ideengeschichtlicher Hintergrund der Steinschen Staatsschuldanalyse

3.1 Die Stellung der Lehre von der Staatsverschuldung in Steins Gesamtwerk

Wenn man das Steinsche Gesamtwerk verstehen will, sollte man sich der folgenden Sachverhalte bewußt sein:

(1) v. Stein wurzelt eindeutig in der spekulativen Geschichtsphilosophie des deutschen Idealismus. Das ergibt sich aus seinem Lebenslauf und aus seinen Schriften. Dabei sei dahingestellt, ob er die allen deutschen Idealisten gemeinsame Vorstellung einer Evolution zu immer größerer Vollkommenheit der menschlichen Gemeinschaft bloß als regulative Idee im Sinne I. Kants — also letztlich als Gestaltungsaufgabe — begriffen hat oder ob er glaubte, in dieser Bewegung tatsächlich ein den Geschichtsablauf determinierendes Entwicklungsgesetz gefunden zu haben; vermutlich gilt letzteres. Von der Sprache her drängt sich dem Leser die Überzeugung auf, daß v. Stein hauptsächlich von Hegel geprägt sei; ohne es belegen zu können und im Gegensatz zur herrschenden Meinung, schätze ich aber den durch Luden vermittelten Einfluß Fichtes für noch stärker ein (vgl. oben, S. 3)[22].

(2) Wenn man an eine Evolution der menschlichen Gemeinschaft glaubt — auch an eine nicht von Gott gegebene, sondern bloß von der Vernunft nahegelegte —, ist es zweckmäßig, Entwicklungstendenzen des Rechts im Wege von Querschnitts- und/oder Zeitvergleichen sichtbar zu machen. Deshalb hat sich v. Stein stets bemüht, Rechtsvergleiche im europäischen Raum und Exkurse in die Vergangenheit vorzunehmen. Wenn man dies tut, muß man natürlich auch einen Ansatzpunkt für den Vergleich haben. Hierbei liegt es nahe, nach der Funktion einer Institution im Rahmen einer vernünftigen Ordnung des menschlichen Zusammenlebens zu fragen. Dies tut v. Stein, und hierin kommt m. M. n. vor allem der eben bereits erwähnte Einfluß Fichtes zum Ausdruck. Methodisch gesehen, geht v. Stein dabei induktiv vor: Er hält die Frage, welche Institutionen in verschiedenen Staaten der gleichen oder jedenfalls ähnlichen Funktion dienen, anscheinend für leicht entscheidbar, und er vertraut darauf, daß ihm der Idealtypus der Funktion — die „Idee" dieser Institution — bei dem Vergleich schon auffallen werde. Bei der didaktischen Vermittlung des heuristisch induktiv Gewonnenen an den Leser geht er dann allerdings wieder deduktiv vor: Er schildert erst die „Idee" einer Institution und die typische Entwicklung der Realität auf diese Idee hin und zeigt dann vergleichend die Entwicklung der realen Institution in den verschiedenen Staaten.

---

[22] Auch *Taschke* [a.a.O. (Fn. 7), S. 231] warnt vor einer Überschätzung des *Hegel*schen Einflusses: „*Stein* hat das Wissen und seine Methode aus vielen Quellen bezogen. *Hegel* war ... nur eine, wenn auch kräftige davon." Einen starken Einfluß *Fichtes* sieht *Taschke* ebenfalls (ebenda, S. 235ff.). Er weigert sich andererseits aber — und dies sicher zu Recht —, *Stein* nun einfach als „Fichteaner" zu bezeichnen (ebenda, S. 239).

(3) Beherrschend für das Steinsche Gesamtwerk ist, daß er sichtbar machen will, was die „Idee des Staates" ist. Er möchte also zeigen, welche Aufgaben Regierung und Verwaltung in einem wohlgeordneten Staatswesen an sich erfüllen sollten. Diese Funktionen ergeben sich aus dem Wesen der „Gesellschaft". Dies ist — modern ausgedrückt — der marktwirtschaftlich koordinierte Teil der Volkswirtschaft und gleichzeitig derjenige Bereich, in dem sich das geistige Leben eines Volkes abspielt und in dem die Ungleichheit regiert. Konstitutiv für die Bildung einer Gesellschaft ist nach v. Stein nämlich, daß sich auf der Basis des Eigentumsrechts bestimmte Besitzstrukturen entwickeln und daß sich hieraus eine besitzende und eine nicht besitzende Klasse formiert. Die besitzende Klasse ist zu geistiger Weiterbildung fähig und versucht, sich die gesamte Volkswirtschaft und damit auch den Staat zu unterwerfen; die nicht besitzende Klasse kann sich gegen diese Unterjochung — so sie gelingt — nur im Wege der Revolution wehren.

(4) Von der Gesellschaft getrennt zu sehen ist der Staat, der in König und Verwaltung leibhaftig wird. Seine Aufgabe ist es, das zu veranlassen, was allen nützt (Realisation des „Gesamtinteresses"). Er ist deshalb auf Gleichheit angelegt und soll über der Gesellschaft mit ihren „Sonderinteressen" stehen[23]. Die besitzende Klasse strebt nun aber nach Beherrschung des Staates, und sie wird damit Erfolg haben, wenn dieser sich nicht dagegen zu wehren weiß. Hat sie Erfolg, muß man mit einer Revolution und dem Untergang des Staates rechnen; es gibt also einen Selektionsmechanismus, der dem Überhandnehmen der Sonderinteressen innerhalb der Staatenwelt entgegenwirkt. Der Untergang ist nur vermeidbar, wenn sich ein König im Bestreben, die Herrschaft seiner Familie zu sichern, zum Sachwalter langfristiger Staatsinteressen macht und sich bewußt über die Interessengruppen stellt[24]. Dabei kann er sich seine Unabhängigkeit dadurch bewahren, daß er beiden Klassen Vorteile gewährt: der besitzenden den Vorteil, keine Revolution und damit auch keine „Negation des Eigentumsrechts" fürchten zu müssen, gleichzeitig aber (wie alle Staatsbürger) an der staatlich vorbereiteten Wohlstandssteigerung teilzuhaben; der nicht besitzenden Klasse dagegen den Vorteil, daß man ihr im Sinne der „sozialen Humanität" ein „gesellschaftliches Existenzminimum" garantiert und darüber hinaus für

---

[23] Vgl. z. B. L. v. *Stein:* Lehrbuch der Nationalökonomie, 3., überarb. Aufl., Wien 1887, S. 83 ff. Als Forderung an das *Königtum* vertritt *v. Stein* diese Norm in: Die Gesellschaftslehre, Erste Abteilung: Der Begriff der Gesellschaft und die Lehre von den Gesellschaftsklassen, Stuttgart und Augsburg 1856, S. 22 ff., vor allem S. 30 f., S. 53 und S. 72 f.

[24] Daß das dynastische Interesse eines Königs als *Instrument* zur Zähmung der Sonderinteressen eingesetzt werden kann und soll, beschreibt *v. Stein* in: [Geschichte der sozialen Bewegung in Frankreich von 1789 bis auf unsere Tage, 3. Bd.:] Das Königtum, die Republik und die Souveränität der französischen Gesellschaft seit der Februarrevolution 1848, 2. Ausg., Leipzig 1855, Kapitel: „Die Lehre vom Königtum", S. 9 ff., vor allem S. 20 ff.

die Durchlässigkeit der Klassengrenzen und damit für individuelle Auf-
stiegsmöglichkeiten sorgt und daß man schließlich den allgemeinen Bil-
dungsstand hebt und hierdurch wie auch durch „Volkswirtschaftspflege"
Wachstumsvoraussetzungen schafft[25].

Man könnte diese Theorie als eine frühe Theorie der Interessengruppen
bezeichnen und die daraus abgeleitete Handlungsempfehlung als eine
Strategie im Sinne der Neuen Politischen Ökonomie. Auch wenn wir diese
Theorie wegen ihrer ausschließlichen Fixierung auf den „Besitz" (statt auf
die Organisierbarkeit von Gruppen) heute wohl als einseitig bis falsch
bezeichnen würden, ist es dabei bemerkenswert, daß v. Stein durchaus im
Einklang mit den Grundprinzipien des methodologischen Individualismus
argumentiert und daß man es sich wohl zu leicht macht, wenn man ihn ohne
nähere Prüfung als „Organizisten" abtut (eine Einordnung, die durch seine
Sprache allerdings nahegelegt wird).

(5) Gelingt es dem Staat, sich gegen die Usurpation durch die besitzende Klasse
zu wehren, kann sich die Verwaltung auf dem Boden der *Staatswirtschafts-
lehre* der Entwicklung der Volkswirtschaft zuwenden[26].

Der Erfolg einer solchen Politik zeigt sich in der Hebung der „Steuerkraft",
d. h. — wie wir heute sagen würden — in einem Wachsen des volkswirtschaftlichen Produktionspotentials oder — zeitlich vorgelagert — der
„produktiven Kräfte" im Sinne Lists (dessen entwicklungsdynamische Sicht
v. Stein weitgehend teilt). Ziel der staatlichen Tätigkeit soll also nicht der
Reichtum des Fürsten oder eine Umverteilungspolitik im Sinne des
„Staatssocialismus" sein (den v. Stein als gefährlich, weil „maßlos"
ansieht)[27]; statt dessen gilt vielmehr: „Das Ziel dieser Verwaltung, der
Finanzwirthschaft, ist daher nie der Reichthum des persönlichen Staats
(= Fürst, H. G.), sondern der jedes Einzelnen im Volke,"[28] und „die wahre
Wirthschaftlichkeit des Finanzwesens darf nur in Ausnahmefällen in den
directen, in Geld nachweisbaren Erträgen desselben, dem Princip nach
dagegen in ihrer Einwirkung auf die Steuerkraft des ganzen Volks gesucht
werden."[29]

---

[25] Dies bezeichnet *v. Stein* als den Staat bzw. das Königtum der gesellschaftlichen
Reform (vgl. ebenda, S. 45 ff., speziell S. 48 f.).

[26] Wenn ich das Wort „Volkswirtschaft" gebrauche, so tue ich das im *modernen* (Privat-
und Staatswirtschaft umfassenden) Sinn; *v. Stein* versteht darunter dagegen nur den
marktwirtschaftlich koordinierten Teil der Gesamtwirtschaft [vgl. z. B. seine Nationalökonomie (Fn. 23), S. 403].

[27] Vgl. *L. v. Stein:* Lehrbuch der Finanzwissenschaft. Erster Theil: Die Finanzverfassung Europas. Mit specieller Vergleichung Englands, Frankreichs, Deutschlands, Oesterreichs, Italiens, Rußlands und anderer Länder, 5., neubearb. Aufl., Leipzig 1885, S. 148 ff.

[28] Ebenda, S. 179.

[29] Ebenda, S. 181 (Hervorhebung i. O.).

Hält man sich die eben genannten Sachverhalte vor Augen, erschließt sich wie gesagt die logische Grundstruktur des Gefüges der großen Werke v. Steins. Diese Grundstruktur, aus der sich auch der Ansatzpunkt für die Staatsschuldanalyse ergibt, ist einfach, wird allerdings von den sprachlichen Eigentümlichkeiten v. Steins und seiner Neigung verdeckt, zu stets neuen, immer aber wieder sehr ausgefeilten Systematiken zu greifen.

Die Struktur ist in Übersicht 3 dargestellt:

● In der *„Socialen Bewegung"* wird das Grundsätzliche der Bildung von Klassen und ihrer Verhältnisse zueinander sowie der daraus resultierenden Aufgaben dargestellt.

● In den Schriften zur Gesellschaft und speziell im *Lehrbuch der Nationalökonomie* befaßt sich v. Stein mit der „Güterwelt" und dem, was für die Gesellschaft der Ungleichen und ihre Klassen gilt.

● In der *Verwaltungslehre* werden dagegen die Staatsaufgaben analysiert, die sich aus Klassengegensätzen und aus der Idee des Staates ergeben. Sowohl die Nationalökonomie als auch die Verwaltungslehre gehören in das übergeordnete (aber unvollendet gebliebene) *System der Staatswirtschaft.*

● Die *Finanzwissenschaft* ist an sich wiederum Teil der Verwaltungslehre und zerfällt — modern ausgedrückt — in einen aufbauorganisatorischen oder ordnungspolitischen Teil („Finanzverfassung") und einen ablauforganisatorischen („Finanzverwaltung").

● Teil der Finanzverwaltung ist das *Staatsschuldenwesen*, das damit von vornherein so in das Gesamtwerk eingeordnet ist, daß seine Aufgabenstellung im Bereich der Entwicklung der produktiven Kräfte gesucht werden muß.

● Daneben gibt es eine Vielzahl von vermischten Schriften, in denen sich das Journalistische in v. Stein seine Bahn gebrochen hat.

3.2 Stellung der Ansatzpunkte und Erklärungsziele v. Steins im Rahmen der Verschuldungsdiskussion

3.2.1 Ein Schema zur Gliederung von Diskussionsgegenständen

Die nationalökonomische Diskussion über die Staatsverschuldung weist zahlreiche Facetten auf. Deshalb ist die Gefahr sehr groß,
● daß man aneinander vorbeiredet, weil man unterschiedliche — wenn auch in der einen oder anderen Richtung verwandte — Fälle vor Augen hat, oder
● daß man einen Schriftsteller für „unergiebig" erklärt, weil er zu dem Problem, das man selbst gerade vor Augen hat, nicht mehr sagt als andere vor ihm auch schon (obwohl er vielleicht zu anderen, momentan nicht aktuellen Fragen sehr wohl einen eigenständigen Beitrag geleistet hat).

Übersicht 5: Die großen Werke L. v. Steins

1. Themenkreis:
Die soziale Bewegung in Frankreich

Bücher:
Die Geschichte der socialen Bewegung in Frankreich von 1789 bis auf unsere Tage, 3 Bde., 3. Aufl. Leipzig 1921 (Erstveröffentlichung Leipzig 1850)

2. Themenkreis:
Gesellschaft und Staat ("System der Staatswirthschaft")

Teilgebiet 2.1:
Das Leben der Gesellschaft

Bücher:
1. System der Statistik, der Populationistik und der Volkswirtschaftslehre, Stuttgart u. Tübingen 1852
2. Die Gesellschaftslehre (1. Abt.), Stuttgart u. Augsburg 1856
3. Lehrbuch der Nationalökonomie, 3. Aufl., Wien 1887 (Erstveröffentlichung Wien 1858)

Teilgebiet 2.2:
Die Staatstätigkeit

Untergebiet 2.2.1:
Die Verwaltungslehre i.e.S.

Bücher:
Die Verwaltungslehre, 7 Teile in z.T. mehreren Bänden und unterschiedlichen Auflagen, Stuttgart 1865 ff.

Untergebiet 2.2.2:
Die Finanzwissenschaft

Bücher:
Lehrbuch der Finanzwissenschaft:

1. Aufl. Leipzig 1860
2. Aufl. Leipzig 1871
3. Aufl. Leipzig 1875
4. Aufl. Leipzig 1878
5. Aufl. Leipzig 1885/1886 in 2 Bänden

in 4 Bänden:
o Bd. 1: Die Finanzverfassung
o Bd. 2: Die Finanzverwaltung Europas I (Staatsausgaben und Allg. Steuerlehre)
o Bd. 3: Die Finanzverwaltung Europas II (Spezielle Steuerlehre)
o Bd. 4: Die Finanzverwaltung Europas III (Das Staatsschuldenwesen)

Teilgebiet 2.3:
Vermischte Schriften (z.B. zur Rolle der Frau in der Gesellschaft)

Um dieser Gefahr zu entgehen, möchte ich nun eine Tabelle entwickeln, aus der sich entnehmen läßt,

- welche Erklärungsziele (Erkenntnisobjekte) v. Stein verfolgt hat,
- welche Situationsmerkmale (Verschuldungsmodalitäten) er dabei unterstellt hat und
- von wem er sich damit unterscheidet bzw. wohin sein Diskussionsgegenstand gehört.

Ich möchte mit meinen Ausführungen an der Musgraveschen Unterscheidung verschiedener Arten von Steuerwirkungen anknüpfen. Diese Unterteilung ist in Übersicht 4 dargestellt und richtet unser Augenmerk auf die Situationsmerkmale, die mit einer Änderung im Steuersystem eines Landes verbunden sind. Musgrave unterscheidet [29a]:

- *Budgetniveauwirkungen*, d. h. solche, bei denen das Staatsbudget um ein ausgeglichenes Steuer-Ausgaben-Paket verlängert oder verkürzt wird,
- *Differentialwirkungen*, d. h. solche, bei denen eine Steuer i bei Konstanz der Ausgabenseite aufkommensgleich gegen eine Steuer j ausgetauscht wird, und
- *Absolutwirkungen (auch: spezifische Wirkungen)*, d. h. solche, bei denen eine Steuer bei Konstanz der Ausgabenseite geschaffen oder gestrichen wird.

Die von mir in Übersicht 4 gewählte Kontendarstellung macht nun unmittelbar deutlich, daß — so meine ich wenigstens — die Bezeichnung „Absolutwirkungen" mißraten ist, weil sie mehr verdeckt als enthüllt: Ein Budget muß ja immer irgendwie ausgeglichen werden; streicht man also z. B. irgendeine Steuer und sollen die Ausgaben konstant bleiben, müssen andere Einnahmearten zur Finanzierung herangezogen werden, seien es nun Beiträge, Gebühren oder Anleihen oder sei es gar die Geldschöpfung. Es geht also um die Wirkungen, die vom Austausch zweier Einnahmekategorien ausgehen. Deshalb bezeichne ich solche Wirkungen im folgenden ebenfalls als Differentialwirkungen, muß nun aber natürlich näher kennzeichnen, welche Art von Differentialwirkungen jeweils gemeint ist. Es gibt z. B. Steuer-Steuer-Differentialwirkungen, Steuer-Gebühren-Differentialwirkungen, Steuer-Anleihe-Differentialwirkungen oder Steuer-Geldschöpfung-Differentialwirkungen. Innerhalb der Gruppe kann man natürlich weitere Differentialwirkungen unterscheiden, also z. B. Anleihe-Anleihe-Differentialwirkungen [29b]. Und auf der Ausgabenseite gibt es analog dazu ebenfalls Differentialwirkungen: Ausgaben-Ausgaben-Differentialwir-

---

[29a] Vgl. R. A. *Musgrave* — P. B. *Musgrave* — L. *Kullmer:* Die öffentlichen Finanzen in Theorie und Praxis, 2. Bd., 3., völlig überarb. Aufl., Tübingen 1985, S. 42ff. Die besonders wichtige Unterscheidung zwischen Budget- und Differentialinzidenz geht (nicht dem Namen, aber der Sache nach) zurück auf: K. *Wicksell:* Finanztheoretische Untersuchungen nebst Darstellung und Kritik des Steuerwesens Schwedens, Jena 1896 (Nachdruck Aalen 1969), S. 6 f.

[29b] Ähnlich implizit auch N. *Andel* und N. *Kostitsis:* Debt Management, in: W. *Albers* et al. (Hrsg.), Handwörterbuch der Wirtschaftswissenschaft, Bd. 9, Stuttgart u. a. O. 1982, S. 735 ff., hier S. 737.

Übersicht 4: **Veranschaulichung von Budgetniveau-, Differential- und Absolutwirkungen der Besteuerung**

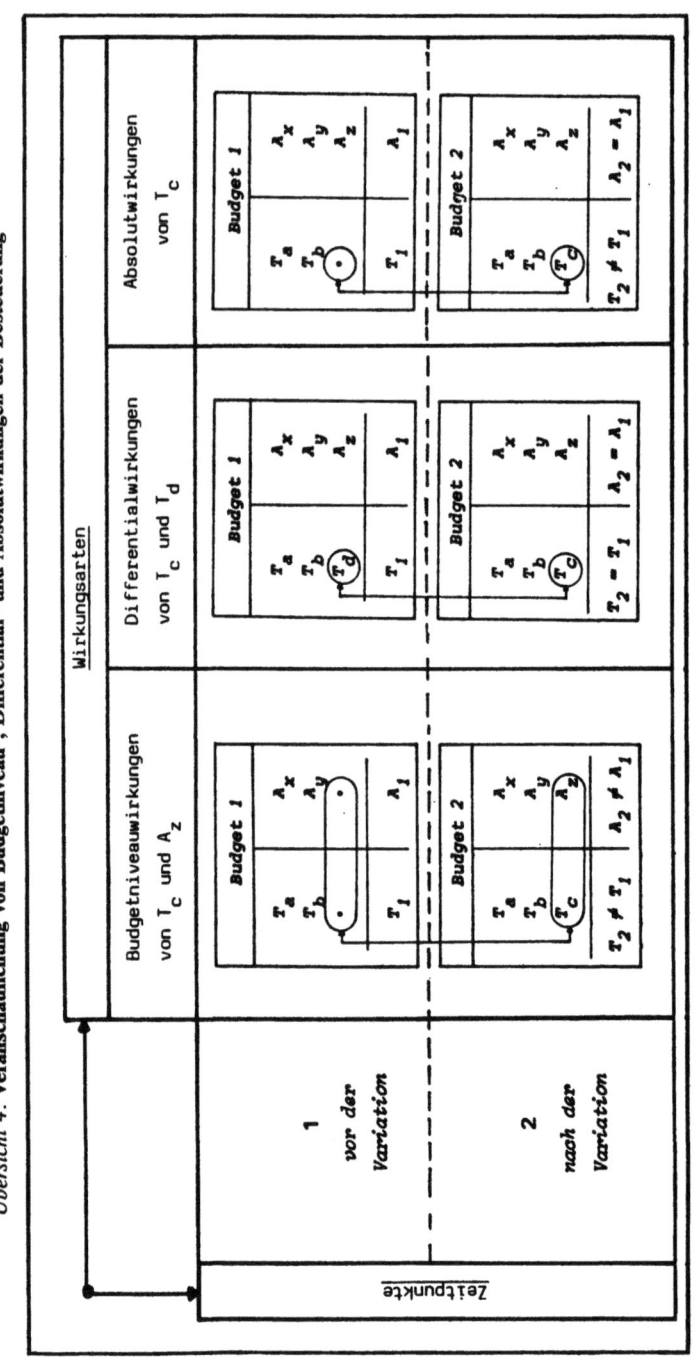

Erläuterungen: · = nicht vorhanden

  ⌐○ = Hinweis auf Unterschiede in den Zuständen, die bei der Wirkungsmessung miteinander verglichen werden.

Quelle: Vgl. die Erläuterungen zu „alternativen Inzidenzkonzepten" bei *R. A. Musgrave – P. B. Musgrave – L. Kullmer:* Die öffentlichen Finanzen in Theorie und Praxis, 2. Bd, 3., völlig neu bearb. Auf., Tübingen 1985, S. 41 ff.

kungen wie z. B. solche zwischen Transfer- und Transformationsausgaben (etwa: Rentenerhöhung versus Erhöhung der Straßenbauausgaben).

Auch der Ausdruck der Budgetniveauwirkungen ist verallgemeinerungsfähig: Es gibt nicht nur solche der Besteuerung, sondern auch solche von Beiträgen, Gebühren, Anleihen oder Geldschöpfung bzw. — von der anderen Seite her gesehen — von Ausgabenpaketen, die in vorgegebener Weise finanziert werden.

Im folgenden werde ich mich auf Budgetniveau- und Differentialwirkungen der Staatsverschuldung beschränken und unter „Schuld" dabei mit L. v. Stein alle Formen der längerfristigen verzinslichen Staatsschuld verstehen; im Prinzip kann man hierunter aber auch die unverzinsliche Schuld aus der Geldschöpfung fassen[30].

Benutzt man die Begriffe „Budgetniveau-" bzw. „Differentialwirkungen" der Staatsverschuldung im eben erläuterten Sinne, kommt man zu der Unterscheidung von Verschuldungsmodalitäten, wie ich sie in Übersicht 5 dargestellt habe. Man sieht hier, daß man drei Ursachenkomplexe von Verschuldungswirkungen unterscheiden kann:

● die Finanzierung zusätzlicher Staatsausgaben durch zusätzliche Verschuldung; dies ist eine *Budgetniveauwirkung* der Staatsverschuldung, die man gemeinhin als *Deficit spending* bezeichnet;
● die Substitution von Steuern durch Staatsverschuldung bei Konstanz der Ausgaben; dies ist eine *Steuer-Schuld-Differentialwirkung*, das *Deficit without spending;* und
● die Substitution einer Verschuldungsart 1 durch eine Verschuldungsart 2 bei Konstanz der Ausgaben; dies ist eine Schuld-Schuld-Differentialwirkung, für die sich der Name *Schuldenstrukturpolitik* oder *Debt management* eingebürgert hat. Bezieht man die Geldmenge dabei in die Staatsschuld ein, umfaßt die Schuldenstrukturpolitik auch die *Geldpolitik*[31].

Wie man sieht, habe ich die Komplexe des Deficit spending, des Deficit without spending und des Debt managements in Übersicht 5 jeweils noch einmal unterteilt, um unterscheiden zu können, ob es sich um eine interne Verschuldung handelt, wie sie für größere Länder mit weitgehend geschlossenen Kapitalmärkten typisch ist, oder um eine externe Verschuldung, wie sie für Gemeinden oder kleinere Länder mit offenen Kapitalmärkten oder auch die heutige Situation eines Weltkapitalmarktes zutreffender ist.

---

[30] L. *v. Stein* teilt in der 5. Aufl. des Lehrbuchs der Finanzwissenschaft (Theil 2, 3. Abt.) das „*Staatscreditwesen*" in kurzfristige Schulden („*Finanzcredit*"), Geldschöpfung („*Papiergeldwesen*") und die „*feste oder eigentliche Staatsschuld*" ein (passim, z. B. S. 9).

[31] Zum Begriffsumfang des Ausdrucks „debt management" in Abhängigkeit von der Weite des Schuldenbegriffs vgl. G. H. *Milbradt:* Ziele und Strategien des debt management. Ein Beitrag zur Theorie der optimalen Schuldenstruktur des Staates unter Einbeziehung der Notenbank, Schriften zur öffentlichen Verwaltung und öffentlichen Wirtschaft, Bd. 4, Baden-Baden 1975, S. 13 ff.

Übersicht 5: Budgetniveau- und Differentialeffekte der Staatsverschuldung[1]

Wirkungsfelder (Ergebnisobjekte)	Verschuldungsmodalitäten[2]					
	1. Budgetniveauwirkung der StV = deficit spending[3]		**2. I-V-Differentialwirkung = deficit without spending[3]**		**3. V-V-Differentialwirkung = debt management**	
	1.1 interne StV ("großes Land")	1.2 externe StV ("kleines Land")	2.1 interne StV ("großes Land")	2.2 externe StV ("kleines Land")	3.1 interne StV ("großes Land")	3.2 externe StV ("kleines Land")
A: Allokationswirkungen	A 1.1: moderne Crowding-out-Debatte	A 1.2: v. Steinsche Reproduktivitäts-regel	A 2.1: klassische Verschuldungsdebatte: ricardianisches Äquivalenztheorem	A 2.2: n.d.	A 3.1: zinsinst.-orientiertes debt management angelsächsischer Prägung	A 3.2: zinsinst.-orientierte Verwendung von Illischer Art
D: Distributionswirkungen **DP:** intertemporale auf die personelle E/V-Vtlg.	DP 1.1: moderne Transfersatz-kontroverse I	DP 1.2: v. Steinsche Rentenregel	DP 2.1: moderne Transfersatz-kontroverse II	DP 2.2: moderne Transfersatz-kontroverse III	DP 3.1: n.d.	DP 3.2: n.d.
DG: intertemporale auf die E/V-Vtlg. zw. d. Generationen	DG 1.1: moderne Lastverschiebungskontroverse I: AIA	DG 1.2: v. Steinsche Generationenregel: Pay-as-you-use-Finanzierung I	DG 2.1: moderne Lastverschiebungskontroverse II: AIA	DG 2.2: moderne Lastverschiebungskontroverse III: Pay-as-you-use-Finanzierung II	DG 3.1: n.d.	DG 3.2: n.d.
S: stabilitätspolitische Wirkungen	S 1.1: Keynes-va.-Friedman-Kontroverse I	S 1.2: n.d. [aber: Fall eines Leitwährungslandes wie der USA mit großem Budget- und Leistungsbilanzdefizit]	S 2.1: Keynes-va.-Friedman-Kontroverse II	S 2.2: n.d. [aber: Fall eines Leitwährungslandes wie der USA mit großem Budget- und Leistungsbilanzdefizit]	S 3.1: zins- und stabilitätsorientiertes debt management angelsächsischer Prägung ["antizyclical approach"]	S 3.2: n.d.

1 Abkürzungen: AIA = Aggregate Investment Approach; E/V-Vtlg = Einkommens- und/oder Vermögensverteilung; n.d. = (noch) nicht schwerpunktmäßig diskutiert; StA = Staatsausgaben; StV = Staatsverschuldung; I-V-Differentialwirkung = Steuer-Schuld-Differentialwirkung; V-V-Differentialwirkung = Schuld-Schuld-Differentialwirkung.

2 Darstellung ohne explizite Berücksichtigung evtl. Störungen auf der Angebotsseite der Güter- und/oder Faktormärkte.

3 Umrandungen:
  o Durchgezogen umrandet sind Gebiete, die v. Stein schwerpunktmäßig behandelt hat.
  o Gestrichelt umrandet sind Gebiete, die v. Stein nicht schwerpunktmäßig behandelt hat.

Die in dieser Weise unterschiedenen *Verschuldungsmodalitäten* stellen Ursachenkomplexe dar, von denen Wirkungen ausgehen. Diese Wirkungen kann man — je nach dem Erkenntnisinteresse — nun noch in verschiedene Wirkungsfelder (= Erkenntnisobjekte) einteilen. Hier genügt die bewährte Musgravesche Unterteilung in Allokations-, Distributions- und Stabilisierungswirkungen[32]; im Rahmen der Distributionswirkungen soll dabei allerdings zwischen solchen *intra*temporaler Art (Wirkungen auf die laufende Einkommens- und/oder Vermögensverteilung zwischen *Personen*) und solchen *inter*temporaler Art unterschieden werden (Wirkungen auf die Einkommens- und/oder Vermögensverteilung zwischen *Generationen*).

Akzeptiert man alle diese Unterscheidungen zunächst einmal — auf ihre Bedeutung für das Werk v. Steins gehe ich gleich näher ein — und entschuldigt man auch, daß die Gliederung (wie alle Schemata dieser Art) vergröbert und bestenfalls die Diskussionsschwerpunkte richtig einordnet, so stellt man fest, daß v. Stein nur ganz bestimmte Fragen diskutiert:

● nur Allokations- und Distributionsfragen, und hier auch
● nur solche, wie sie im Rahmen des Deficit spending und des Debt management bei jeweils externer Verschuldung auftreten.

Wer bei v. Stein also etwas über die Wirkungen einer *internen* Staatsverschuldung (welcher Art auch immer) finden möchte, übersieht, daß v. Stein als Mitteleuropäer schreibt und daß dies im 19. Jahrhundert bedeutet, daß man sich mit der externen Verschuldung befassen muß. Die interne Verschuldung ist — darauf wird gleich noch eingegangen — ein Problem der Engländer und Franzosen. Es kann nicht genug betont werden, daß bei der Interpretation deutscher Ökonomen, deren Hauptlebensspanne vor 1871 liegt, der fundamentale Unterschied in den Datenkränzen Mitteleuropas einerseits und Englands und Frankreichs andererseits beachtet werden muß: kleine, offene, im Wettbewerb um Ressourcen stehende Volkswirtschaften hier, große, vergleichsweise geschlossene Volkswirtschaften mit weitgehend immobilen Ressourcen dort [32a]. Diese Unterschiede hatten Auswirkungen auf die Probleme, mit denen sich die Regierungen konfrontiert sahen, sie hatten aber auch Auswirkungen auf die Probleme, welche die Ökonomen aufgriffen, und begünstigte deren kameralistische Sichtweise. Man merkt das in der deutschen Literatur an der mehr oder weniger offenen Vorliebe für „gute Fürsten", die ihr Land wie eine im Wettbewerb stehende Firma betrachten und leiten und ihr eigenes Wohl mit dem ihrer Untertanen verbinden. Besonders beim Thema „Staatsverschuldung" muß

---

[32] Vgl. hierzu R. A. *Musgrave* — P. B. *Musgrave* — L. *Kullmer:* Die öffentlichen Finanzen in Theorie und Praxis, 1. Bd., 3., völlig neu bearb. Aufl., Tübingen 1984, S. 5f.

[32a] Ähnlich auch J. *Backhaus* — R. E. *Wagner:* The cameralists: A public choice perspective, in: Public Choice Vol. 53 (1987), S. 3ff., hier S. 5f. *Backhaus* und *Wagner* weisen mit Recht darauf hin, daß das damalige Mitteleuropa einen Anwendungsfall für das *Tiebout*-Modell darstellt.

man deshalb genau auf die Randbedingungen achten, von denen ein Autor explizit und/oder implizit ausgeht.

Wer in v. Stein z. B. einen deutschen Vorläufer der Fiskalpolitik sucht, wird ebenso enttäuscht werden wie derjenige, der sich für die interne Staatsverschuldung interessiert. Er wäre mit den Schriften von Friedrich Nebenius[33] oder Carl Dietzel[34] sicher viel besser bedient, von deutschen Vorläufern der fiscal policy im 20. Jahrhundert ganz zu schweigen [34a]. Nebenius vertritt z. B. die Auffassung, daß eine bei ihm überwiegend interne Staatsverschuldung (a. a. O., S. 704) eine übermäßige Kreislaufschrumpfung verhindern könne, eine Gefahr, wie sie im Gefolge von Spekulationskrisen (S. 647 ff.) oder im Gefolge eines starken Strukturwandels auftreten könne (S. 664 ff.). Dies seien Situationen, in denen Kapital eine vorübergehende Anlage sucht, weil zwar in vielen Bereichen schon Desinvestitionen erfolgt seien, über die Reinvestitionen angesichts der allgemeinen Unsicherheit aber noch nicht entschieden worden sei. Dietzel, der einen erweiterten Kapital- und Produktivitätsbegriff propagiert und den Staat als produktiven Investor auffaßt, sieht in der „Staatsschuld ... gleichsam eine Assoziationsanstalt der Kapitalbesitzer. Jeder schiebt sein Kapital in die Masse ein, sobald er es nicht besser gebrauchen kann. Sie ist das große Zentralorgan, das alle Kapitale im Zusammenhang erhält und jederzeit die zweckmäßigste Verteilung derselben in der Volkswirtschaft ... herbeiführt" [a. a. O. (Fn. 34), S. 249]. Grundsätzlich sollten die regelmäßigen Ausgaben für laufende Bedürfnisse deshalb durch Steuern, alle investiven Ausgaben des Staates dagegen durch Anleihen gedeckt werden (ebenda, S. 232 ff.).

Ebenso wie man in v. Stein keinen Vorläufer von Keynes sehen sollte, darf man von ihm auch keinen originellen Beitrag zur klassischen Verschuldungsdiskussion und zum Deficit without spending überhaupt erwarten. Diese Diskussion hat ihren vollkommensten Ausdruck im ricardianischen Äquivalenztheorem gefunden, einem Theorem, das behauptet, daß der Barwert von Steuern und Staatsschulden unter bestimmten Umständen äquivalent sei und daß ein Austausch von Steuern gegen Staatsschulden deshalb bei rational entscheidenden Bürgern keine Differentialwirkungen entfalten werde. Wenn solche Wir-

---

[33] F. *Nebenius:* Über die Natur und die Ursachen des öffentlichen Credits, Staatsanleihen, die Tilgung der öffentlichen Schulden, den Handel mit Staatspapieren und die Wechselwirkung zwischen den Creditoperationen der Staaten und dem ökonomischen und politischen Zustand der Länder, Karlsruhe und Baden 1829 (= 2. Aufl. des Buches „Der öffentliche Credit", Karlsruhe und Baden 1820).

[34] C. *Dietzel:* Das System der Staatsanleihen im Zusammenhang der Volkswirtschaft betrachtet, Heidelberg 1855, hier zitiert nach dem Exzerpt in: K. *Diehl* und P. *Mombert* (Hrsg.), Ausgewählte Lesestücke zum Studium der politischen Ökonomie, 16. Bd.: Das Staatsschuldenproblem, Karlsruhe 1923, S. 211 ff.

[34a] Zu den deutschen Vorläufern der Fiskalpolitik vgl. F. *Schulz:* Zur Dogmengeschichte der funktionalen Finanzwirtschaftslehre. Eine literaturgeschichtliche Untersuchung zur Entwicklung der „functional finance" vom Merkantilismus bis zur „neuen Wirtschaftslehre", Berlin 1987.

kungen aber dennoch aufträten — und daß dies der Fall sei, daran sei nicht zu zweifeln —, dann sei dies ein Zeichen von Täuschungen, die als solche nur allokationsverschlechternd wirken könnten[35]; auf diese Weise werde Kapital vernichtet und trieben die Schulden mit der Zeit jedes Land in den wirtschaftlichen Ruin: „Therefore a system of loans is more destructive to the national capital than a system of heavy taxation to an equal amount"[36].

3.2.2 Interne vs. externe Verschuldung: Consols und Renten vs. Obligationen

Nachdem mit Hilfe von Übersicht 5 herausgearbeitet worden ist, auf welchen Gebieten v. Stein *nicht* originell war, nachdem seine Verdienste also gleichsam *negativ* abgegrenzt worden sind (gestrichelt umrandete Gebiete in Übersicht 5), sollen sie nun *positiv* beschrieben werden (durchgezogen umrandete Gebiete).

---

[35] *Ricardo* hat seine Ansichten zur Staatsverschuldung zunächst in seinen 1817 erstveröffentlichten „Principles of Political Economy and Taxation" und später (1820) vor allem noch in seinem „Essay on the Funding System" dargestellt. In der neueren deutschen Literatur sind diese Fragen vor allem von O. *Gandenberger* diskutiert worden [Übersicht: *derselbe:* Theorie der öffentlichen Verschuldung, in: F. *Neumark* (Hrsg.), Handbuch der Finanzwissenschaft, 3., gänzlich neu bearb. Aufl., Bd. III: Die Lehre von der öffentlichen Verschuldung — Finanzpolitik als Mittel zur Verwirklichung wirtschafts- und sozialpolitischer Ziele, Tübingen 1981, S. 3 ff.]. Die jüngste, theoretische Analyse des Äquivalenztheorems und eine Verbindung mit der Theorie rationaler Erwartungen und der Theorie der Kreditmarkteffizienz sowie einen Überblick über die einschlägige Literatur findet man in: W. *Grassl:* Die These der Staatsschuldneutralität. Kritische Erörterung unter besonderer Berücksichtigung von Kreditmarktimperfektionen, Berlin 1984. *Empirisch* bewährt sich das Äquivalenztheorem in der Tat *nicht.* Vgl. hierzu N. *Sarantis:* Fiskal Policies and Consumer Behaviour in Western Europe, in: Kyklos, Vol. 38 (1985), S. 233 ff., vor allem S. 244 f.

[36] Brief von *Ricardo* an *McCulloch,* hier zitiert nach: M. *Ernst-Pörksen:* Staatsschuldtheorien. Vom Merkantilismus bis zur gegenwärtigen Kontroverse um Funktion und Wirkungsweise der Staatsverschuldung, Berlin 1983. Dieses Buch gibt — wenn auch teilweise in bewußt marxistischer Diktion und mit entsprechenden „Würdigungen" versehen — einen guten Überblick über die Entwicklung der Staatsschuldtheorie. Ergänzend seien genannt: J. J. *Berckum:* Das Staatsschuldenproblem im Lichte der klassischen Nationalökonomie. Ein Beitrag zur Geschichte und Theorie des Staatsschuldenwesen, Leipzig 1911; E. *Dettweiler:* Beiträge der deutschen Finanzwissenschaft zur Verschuldungstheorie im 19. Jahrhundert, (Diss.) Tübingen 1969; S. *Menrad:* Die Lehren von der richtigen Verwendung des Staatskredits. Eine dogmenkritische Untersuchung, Jena 1938; S. *Preiswerk:* Geschichtlicher Überblick über die Theorien der Staatsverschuldung mit besonderer Berücksichtigung der volkswirtschaftlichen Zusammenhänge, (Diss.) Basel 1942; G. *Schanz:* Öffentliches Schuldenwesen, in: S. P. *Altmann* et al. (Hrsg.), Die Entwicklung der deutschen Volkswirtschaftslehre im neunzehnten Jahrhundert, Gustav Schmoller zur siebzigsten Wiederkehr seines Geburtstages, 24. Juni 1908, 2. Teil, Leipzig 1908, S. XXXX.1 ff.; G. *Steiger:* Die dogmenhistorische Entwicklung der Lehre vom notwendigen Haushaltsdefizit, Meisenheim am Glan 1958.
Für die in *Physiokratie* und *Klassik* herrschende Ansicht ist ein Satz typisch, der David *Hume* (1711-1776) zugeschrieben wird: „Entweder die Nation muß die Staatsschulden vernichten, oder die Staatsschulden werden die Nation vernichten" (zitiert nach Berckum, a. a. O., S. 52).

Als erstes ist hierbei hervorzuheben, daß er auf die wichtige Unterscheidung zwischen externer und interner Verschuldung aufmerksam gemacht und hieraus wesentliche Konsequenzen gezogen hat. *Daß* diese Unterscheidung wesentlich ist, leuchtet unmittelbar ein: Wer sich extern verschuldet, muß als Staat z. B. stärker auf seinen Kredit achten und kann zukünftige Generationen unmittelbar durch Zinszahlungen belasten; wer sich vorwiegend intern verschuldet, hat im Zweifel auch „Entschuldungsmittel" wie z. B. die Lawsche Papiergeldinflation zur Hand und kann zukünftige Generationen nur durch den Abbau des vererbbaren Kapitalstocks belasten. [Die Zinszahlungen sind dann ja Zahlungen, bei denen „die betreffenden Geldbeträge aus der rechten in die linke Hand kommen (i. O.: kämen, H. G.)", wie schon der französische Merkantilist J. F. Melon (1675-1738) festgestellt hat[37], übrigens ein Mitarbeiter John Laws (1671-1729).]

v. Stein geht bei der Erläuterung der Unterschiede in der für ihn typischen historischen Weise vor (S. 11 ff.)[38]. Er schildert zunächst, daß eine Staatsschuld i. e. S. erst in dem Moment und in dem Ausmaß entsteht, in dem das Volk die vorher ja als persönliche Schulden des Landesherrn verstandenen Fürstenschulden als für sich selbst verbindlich anerkennt. Damit wird nämlich für das Kapital sowie die Zins- und ggf. auch Rückzahlung die Haftung übernommen und eine bestimmte, regelmäßig fließende Einnahmequelle reserviert (sog. Schuldenfundierung). Dies aber ist eine entscheidende Minderung von Risiken, wie sie sich vorher z. B. daraus ergeben konnten, daß ein Fürst starb und seine Nachfolger die Schulden nicht anerkannten. Erst die Haftung des Volkes und die Entwicklung des Rechtsbrauchs, daß Schulden „zum Lande gehören" und auch mit dem Wechsel des Herrscherhauses oder einer Änderung der Staatsgrenzen nicht untergehen, erst dies also hat den eigentlichen Charakter der Staatsschuld ins Licht der Geschichte treten lassen: die verhältnismäßig große Sicherheit dieser Schuld, die es im Prinzip auch gestattete, auf eine Rückzahlung gänzlich zu verzichten, wenn nur die Verzinsung gewährleistet war.

Nachdem v. Stein den kardinalen Unterschied zwischen Privat- und Ständebzw. Fürstenschulden einerseits sowie Staatsschulden andererseits herausgearbeitet hat, wendet er sich der Unterscheidung zwischen externer und interner Schuld zu. Er gebraucht diese Ausdrücke zwar nicht, beschreibt aber die materiellen Unterschiede und geht auch hier wieder historisch vor.

Er behandelt zunächst *England* (S. 27 f., S. 252 ff. u. S. 378 f.) und schildert, daß dort ursprünglich jeder Schuld bei der Fundierung durch das Parlament eine neue Amortisations- und Zinssteuer zugeordnet wurde, entsprechend der

---

[37] J. F. *Melon:* Essai politique sur le commerce, Rouen — Bordeaux 1734, hier zitiert nach *Diehl — Mombert,* a. a. O. (Fn. 34), S. 5.

[38] Alle nicht näher gekennzeichneten Seitenangaben beziehen sich hinfort auf die 5. Aufl. des Lehrbuchs der Finanzwissenschaft (Leipzig 1886), und zwar auf die Dritte Abteilung des Zweiten Teils (Bd. IV: Das Staatsschuldenwesen). Schreibweise und Zeichensetzung sind den heutigen Regeln angepaßt worden.

englischen Übung, jedem Staatsbedürfnis eine eigene Steuer zu „appropriieren"[39]. Mit der Verwaltung und Abwicklung dieser Schuld wurde die Bank von England betraut. Diese führte Geschäftskonten für den Staat einerseits und für jeden einzelnen Gläubiger andererseits und wickelte die Geldeinzahlung zugunsten des Staates sowie die Zins- und ggf. auch Rückzahlung bankmäßig ab. Diese Form der Schuldaufnahme und -abwicklung führte nun dazu, daß die potentiellen Staatsgläubiger faktisch zur Bank von England nach London kommen mußten, und die „praktische Konsequenz ist dabei die, daß zwar grundsätzlich kein Fremder von der englischen Staatsschuld ausgeschlossen ist, in der Wirklichkeit aber die Formalitäten der Einzahlung, Kontierung und Erhebung der Zinsen es kaum möglich machen, daß Fremde sich daran beteiligen. In der Tat ist dadurch die englische Staatsschuld niemals ein Gegenstand des internationalen Geldmarktes geworden" (S. 36). Es gab deshalb zunächst auch keine selbständigen Schulddokumente, sondern nur die Eintragung in die Bankbücher (S. 254f.). Der Name „Consols", der ja an festverzinsliche Anleihen denken läßt (also Briefschulden), ist — so schildert v. Stein — nur eine rein technische „Gebrauchsbezeichnung" (S. 255): Da das englische Parlament nach einiger Zeit die Unzahl der verschiedenen Schuldverhältnisse nicht mehr zu unterscheiden und kontrollieren in der Lage war, erzwang es im 18. Jahrhundert die gemeinsame Fundierung aller Schulden auf die Gesamtsumme aller Einnahmen, den sog. „Consolidated Fund". Hieraus wurde dann im 19. Jahrhundert die Kennzeichnung „Consols". Gemeint sind aber weiterhin Buchschulden, die sich im 19. Jahrhundert mit etwa 3 % p.a. verzinsten und Ausdruck der faktischen Zentralisation des englischen Kapitalmarktes in der Lombardstreet und einer nationalen (internen) Staatsschuld waren. Der Ausdruck *„Consols"* steht bei v. Stein deshalb für *„interne Verschuldung vom englischen Typ"*.

Wenden wir uns nun dem zweiten Typ der internen Verschuldung zu, der *französischen Rente* (S. 36f. u. S. 256ff.). Was in England aufgrund der bankmäßigen Abwicklung erreicht wurde, ergab sich in Frankreich auf administrativem Wege.

Ausgangspunkt war der während der Revolution von 1789 im niederen Bürgertum und in der Nationalversammlung vorhandene und durch die Assignatenwirtschaft noch verschärfte Haß auf das „Kapital"[40]. Dies führte —

---

[39] Seit der *„petition of rights"* (1628) hatte das englische Parlament das Recht der Bewilligung der *direkten Steuern*, das mit der *„bill of rights"* (1688) auf *alle* Einnahmen ausgedehnt wurde. Dem König Charles II. wurde außerdem bei der Bewilligung der Geldmittel für den Krieg gegen Holland die sog. *„Appropriationsklausel"* abgetrotzt (1665), nach der öffentliche Einnahmen stets nur für den Zweck verwendet werden dürfen, für den sie bewilligt sind (vgl. G. *Schmölders:* Finanzpolitik, 2., neu bearb. Aufl., Berlin — Heidelberg — New York 1965, S. 61).

[40] Man muß sich vor Augen halten, daß die verzinslichen Staatsanleihen („Assignaten"), die seit 1789 auf die enteigneten Kirchen- und Krongüter ausgegeben worden waren, aufgrund ihrer schrankenlosen Vermehrung innerhalb von knapp 10 Jahren (Ungültigkeitserklärung: 1797) zur Verarmung weiter Teile der Bevölkerung geführt hatten.

so v. Stein — dazu, daß man Staatsschulden grundsätzlich ablehnte, wobei man „Schulden" allerdings als etwas interpretierte, was zurückgezahlt werden mußte. Da man sich aber auch nicht allein auf Steuern stützen wollte, entwickelte sich die Idee, „daß das Recht der Staatsgläubiger nicht in einem Recht auf ein Kapital, also in einer Forderung auf einen bestimmten Kapitalbetrag bestehen dürfe, sondern daß das Eingehen einer Kapitalschuld nur den Kauf eines Jahresbetrages von seiten des Staates enthalten solle, für welchen der einzelne Bürger ein durch seine Arbeit erspartes Kapital den Staatskassen einzahlt" (S. 257). Dieser Jahresbetrag, die „Rente", galt — so die ideologische Begründung — als „ein Betrag, den die Gemeinschaft dem einzelnen dafür zahlte, daß er das Ersparnis seiner Arbeit als guter Bürger der Gemeinschaft übergab" (S. 258).

Nun ist die Tatsache einer solchen Umdeklaration von Schuldverhältnissen zunächst vielleicht nur Ausdruck einer Tendenz zum ideologischen Denken einerseits und des Fehlens einfacher finanzmathematischer Kenntnis bei der breiten Masse der Bürger andererseits. Die praktische Konsequenz war aber jedenfalls, daß unverjährbare, unkündbare, unpfändbare und steuerfreie Renten in kleinster Stückelung geschaffen und bei jedem Steuereinnehmer gekauft werden konnten. Dieser Kauf war gleichbedeutend mit der Eintragung der Rentenberechtigung in das „Grand livre"; hierüber wurde ein „titre nominatif" auf den Namen des Rentenberechtigten ausgestellt. Die Dinge haben sich später wieder normalisiert, sprich: in Richtung auf handelbare Briefschulden entwickelt; was aber geblieben ist, ist die Organisation der französischen Staatsverschuldung in gleichsam sparkassenmäßiger und auf eine nationale Altersversorgung zugeschnittener Form. Der Ausdruck „Rente" steht bei v. Stein deshalb für „interne Verschuldung vom französischen Typ".

Dem englischen bzw. französischen Typ der internen oder „nationalen" Schuld stellt v. Stein nun die „Staatsobligationen" als jenen Typus gegenüber, bei dem eine „Nationalisierung der Staatsschuld" (S. 37) weder durch bankmäßige noch administrative Maßnahmen möglich und beabsichtigt ist (S. 37 ff. u. S. 268 ff.): „Das Wesen dieser Staatsobligationen gegenüber der eigentlichen Nationalschuld besteht nun darin", so sagt v. Stein (S. 269), „daß sie das Schuldwesen so organisiert, daß alle Kapitalien der Welt sich an der Schuld jeden einzelnen Volks beteiligen können ...; sie macht aus der Staatsschuld eine Schuld des Einzelstaates nicht gegen seine eigenen Steuerträger, sondern gegen die ganze Welt; sie verpflichtet nicht mehr den Staat gegenüber denen, die doch zuletzt seinen eigenen Gesetzen unterworfen sind, sondern gegenüber dem gesamten wirtschaftlichen Weltleben". Und er fährt fort: „So ist es die Staatsobligation, welche das Volk nicht mehr wie Rente oder Consols von dem abhängig macht, was es schon besitzt, sondern von dem, was es künftig mit seiner wirtschaftlichen Kraft zu erringen vermag" (S. 270).

Der Ausdruck „Staatsobligation" steht bei v. Stein damit für eine vorwiegend externe Verschuldung, für eine Verschuldung also, wie sie heute kennzeichnend für Entwicklungsländer ist, und das waren die sich erst noch bildenden Nationalstaaten Mitteleuropas damals ja auch. Gleichzeitig wird damit die Abhängigkeit eines Schuldnerlandes von den Kapitaldispositionen ausländischer Anleger betont. Hieraus folgen nach v. Stein bestimmte Anforderungen an die Anlässe für eine Schuldaufnahme — die Schuldniveaupolitik — und bestimmte Regeln für die Gestaltung der Schuldenzusammensetzung, die Schuldenstrukturpolitik. Diese Leitlinien gelten unmittelbar für Staaten wie die damaligen Mitteleuropas, also Entwicklungsländer; sie scheinen mir aber auch für eine économie dominante wie die USA eine gewisse Gültigkeit zu haben — jedenfalls dann, wenn letztere ein erhebliches Maß an externer Verschuldung ansammelt.

4. v. Steins Regeln für die Aufnahme von Staatsschulden und für die Schuldenstrukturpolitik

4.1 Schuldaufnahmeregeln

Die Regeln v. Steins für die Schuldaufnahme und damit auch für das Schuldenniveau ergeben sich aus den Funktionen, die er der Staatsverschuldung zuordnet. Ich werde diese Funktionen der Deutlichkeit halber mit (bei v. Stein nicht vorhandenen) *Namen* belegen und daraus *drei Regeln* ableiten: die *Reproduktivitäts-*, die *Renten-* und die *Generationenregel*.

Dabei ist unklar, ob diese Regeln unabhängig voneinander sein sollten oder ob es eine Vorrangordnung gibt; ohne es mit Hilfe eines Zitats eindeutig belegen zu können, habe ich aus dem Kontext jedoch den Eindruck gewonnen, daß die Renten- und die Generationenregel nur zur Anwendung kommen sollen, wenn die Reproduktivitätsregel erfüllt ist, daß zwischen den Regeln also eine lexikographische Ordnung besteht.

Die *erste Funktion*, welche die Staatsverschuldung nach v. Stein erfüllen soll, ist die *Entwicklungs- und Entwicklungsausgleichsfunktion:* Jeder Staat soll sich der Staatsverschuldung bedienen, um die Produktivkraft seines Landes im gesamtwirtschaftlichen Interesse zur Entfaltung zu bringen und der Tendenz zur Senkung der Profitrate entgegenzuwirken, die sich ergeben würde, wenn die Weiterentwicklung der Infrastruktur unterbliebe (S. 229 ff.). Darüber hinaus sollen sich die noch wenig entwickelten Länder bemühen, ihren Entwicklungsrückstand über eine Verwendung ausländischer Kapitalien abzubauen (240 f.); es wird also gleichsam eine Wanderung des Kapitals zwischen den Staaten verlangt, um so zu einem Ausgleich der Profitraten von Infrastrukturinvestitionen und damit zu einem weltwirtschaftlichen Wohlfahrtsmaximum zu gelangen.

Wenn diese Funktion erfüllt werden soll, ergibt sich im Hinblick auf die Verwendung der Staatsschuld eine Maxime, die ich als *Steinsche Reproduktivitätsregel* bezeichnen möchte: Die Verwaltung muß ein per Verschuldung aufgenommenes Kapital so verwenden, daß die daraus resultierende Steuer-

kraftmehrung eine Verzinsung und Rückzahlung gestattet, daß die Entwicklung
der Infrastruktur und die dadurch möglich werdende Zusatzverzinsung privater
Investitionen die Anleihe also „reproduziert" (S. 231).

Zur Erläuterung dieser Reproduktivitätsregel nun einige Anmerkungen:

a) Im Hinblick auf die staatliche Entwicklungstätigkeit unterscheidet v. Stein
   eine *direkte* und eine *indirekte Produktivität*. Erstere liegt vor, wenn der Staat
   Investitionen vornimmt, die sich aufgrund unmittelbar damit verbundener
   Einnahmen wie private rentieren; die hierfür verwendeten Staatsschuldteile
   bilden die produktive Investitionsschuld, und die damit verbundene Rendite
   sei, so sagt er, prinzipiell berechenbar (S. 213 u. S. 230f.). Letztere, die
   indirekte Produktivität, liege dagegen vor, wenn eine Entwicklungsmaßnah-
   me nicht unmittelbar zu steigenden Einnahmen führe, sondern lediglich das
   Ansteigen der Steuerkraft bewirkt. So etwas sei zwar nicht berechenbar; es
   müsse aber insgesamt plausibel sein, wenn die Verschuldung als gerechtfertigt betrachtet werden solle (S. 230f.).

   Ein solcher Anstieg der Steuerkraft durch Staatsverschuldung darf nicht mit
   einer keynesianischen Selbstfinanzierung der Staatsverschuldung („Fontä-
   nentheorie") verwechselt werden: v. Stein zielt auf eine Ausweitung des
   volkswirtschaftlichen Produktionspotentials (langfristige Perspektive), während die Befürworter einer keynesianischen Staatsverschuldung eine Erhöhung des Auslastungsgrades des gegebenen Produktionspotentials vor
   Augen haben (kurzfristige Perspektive).

b) Zu den indirekt produktiven Entwicklungstätigkeiten gehört auch die
   Herausbildung der mitteleuropäischen Nationalstaaten, und zwar ein-
   schließlich der damit verbundenen Kriege (die anscheinend als unvermeid-
   lich betrachtet werden): „Dieser Bildungsprozeß des neuen Staatswesens im
   westlichen Europa aber ist nicht bloß eine Bewegung der Macht unter
   blutigen Kriegen, sondern er erscheint in Wahrheit als die erste Bedingung
   aller menschlichen Entwicklung; denn wie er während seines Verlaufes nichts
   als Kriege bringt, wird er, wenn er abgeschlossen ist, den Weltfrieden
   erzeugen. Die Kosten dieses Prozesses hat eben deshalb die ganze Welt zu
   tragen; das Mittel dafür ist die Staatsobligation, welche das Kapital der
   ganzen Welt aufzusuchen weiß, um für die Zukunft die erste Voraussetzung
   allgemein menschlicher Entwicklung begründen zu können" (S. 275f.)[41].

c) Nicht befolgt wird die Reproduktionsregel, wenn die Staatsverwaltung das
   geliehene Kapital konsumtiv verwendet: „Die höhere Natur der Staatsschuld
   drückt sich von diesem Standpunkt in dem Satze aus, daß je mehr dieselbe für

---

[41] Auf S. 356 unterstützt *v. Stein* den vorstehenden Gedanken noch, indem er auf die
enge Verzahnung von Verschuldungs- und Kriegsgeschichte hinweist, und auf S. 347
meint er gar, der Abschluß der Staatenbildung wäre der Anfang einer endgültigen Tilgung
von Staatsschulden. Letzteres scheint mir freilich im Widerspruch zu den friedlichen
Entwicklungsaufgaben zu stehen, auf die *v. Stein* ja ebenfalls hingewiesen hat.

den Genuß oder für das Interesse einzelner Persönlichkeiten verwendet wird, um desto näher die Verarmung und mit ihr die wirtschaftliche Verzweiflung des Volkes an seiner Regierung rückt" (S. 231).

d) Ob die Staatsschuld eine Last oder eine Lust ist, kann man nicht durch eine einfache, „ziffernmäßige" (v. Stein) Rechnung ausdrücken: Sie ist ersteres um so mehr, je mehr sie konsumtiv verwendet wird, und letzteres um so mehr, je mehr sie eine Antizipation von Steuern darstellt, die ohne die Schuldaufnahme ob der dann verbliebenen Rückständigkeit der Infrastruktur gar nicht angefallen wären (S. 230). Besonders deutlich wird dieser Gedanke in der dritten Auflage der „Finanzwissenschaft" ausgesprochen: „Die wahre Höhe einer jeden Schuld ergibt sich nämlich, wenn man diejenigen Verpflichtungen, welche aus dem Eingehen der Schuld folgen mit denjenigen Vorteilen vergleicht, welche das Eingehen einer Schuld gebracht hat, oder wenn man die Leistungsfähigkeit der Anlage ins Verhältnis bringt zu der Verbindlichkeit, welche sie auferlegt."[42] Und: „Man kann daher sagen, daß der Staatskredit keine andere Grenze hat als die Zunahme des Staatseinkommens, und zwar so, daß etwa für je fünf der Zunahme des letzteren je hundert für den Staatskredit offen sind oder daß trotz der wachsenden Größe der Staatsschuld die wahre Größe der letzteren nicht steigt, solange jedem Hundert neuer Staatsschulden je fünf neuer Staatseinnahmen entsprechen."[43] Mit anderen Worten: Die Lust- oder Lastidentifikation erfordert einen Barwertvergleich der Situation mit oder ohne (zusätzliche) Staatsverschuldung aus der Sicht einer langfristig denkenden Regierung.

Ich wende mich nun der *zweiten* Funktion zu, die v. Stein der Staatsverschuldung zuordnet. Dies ist die *Integrations- oder Versicherungsfunktion*: Der Staat soll dafür sorgen, daß seine Bürger sich mit ihm identifizieren und ein „berechenbares Interesse an seiner Erhaltung und seinem Wohlsein" haben (S. 226); er kann dies, indem er darauf achtet, daß ein Teil seiner Schuld interner Natur ist (S. 228), was seinen Bürgern dann die Möglichkeit gibt, sich eine Altersversorgung aufzubauen, die sicherer ist als jede andere Alternative (S. 236).

Soll diese Funktion erfüllt werden, ergeben sich Anforderungen an die Stückelung und Handelbarkeit, die offensichtlich sind und auf die ich bei der Darstellung der französischen Rente schon hingewiesen habe. Diese Anforderungen, die zwar distributiver, aber nicht redistributiver Natur sind und der Erleichterung der lebenszyklischen Konsum-Spar-Entscheidungen dienen sollen, bezeichne ich deshalb als *Steinsche Rentenregel*: Die Verwaltung soll bei der Ausgestaltung der Schuld das Nebenziel der Integrations- und Versicherungsfunktion im Auge behalten.

---

[42] L. *v. Stein*, a.a.O. (Fn. 3), S. 720.
[43] L. *v. Stein*, a.a.O. (Fn. 3), S. 721.

Die *dritte Funktion*, die v. Stein der Staatsverschuldung zuordnet, ist diejenige des *Lastenausgleichs zwischen den Generationen:* Da die Staatsschuld eine Antizipation von Steuern darstellt — dies gilt uneingeschränkt jedenfalls dann, wenn es sich um eine überwiegend externe Schuld handelt und die Reproduktivitätsregel beachtet wird —, kann und soll sie zur Ausbalancierung der Steuerlasten zwischen den Generationen im Sinne einer Pay-as-you-use-Finanzierung eingesetzt werden. Unter Berufung auf Carl Dietzel (S. 47) schreibt v. Stein: „(Der Staat hat die Verpflichtung), vermöge der Verzinsung und langsamen Tilgung ... (von Obligationen) auch die kommenden Generationen an den Lasten ... mittragen zu lassen, welche den Vorteil von demjenigen genießen, was vermöge der Anleihe hergestellt worden ist" (S. 41 f.). Diese Maxime nenne ich die *Steinsche Generationenregel*, und in Zusammenhang mit dieser Regel fällt in der dritten Auflage der „Finanzwissenschaft" das bekannte und eingangs ja auch schon zitierte Wort: „... ein Staat ohne Staatsschuld tut entweder zuwenig für seine Zukunft (unterläßt also vorteilhafte Entwicklungsmaßnahmen, H. G.), oder er fordert zuviel von seiner Gegenwart (d. h. er befolgt nicht die Pay-as-you-use-Regel, H. G.)".[44]

In der fünften Auflage fehlt dieser Satz, und man gewinnt insgesamt den freilich etwas undeutlichen Eindruck, daß v. Stein die Staatsverschuldung grundsätzlich wieder etwas zurückhaltender beurteilt. So spricht er z. B. davon, daß das Zusammentreffen von Zinssenkungen einerseits und der Ausdehnung der Staatsverschuldung andererseits einen Zustand bilde, der momentan (also 1886) in Europa zwar beobachtbar sei, so aber nicht mehr lange werde dauern können (S. 365). Anscheinend macht sich hier die Erfahrung der „Großen Depression" bemerkbar. Jedenfalls wendet er sich in diesem Zusammenhang gegen ewige Renten und fordert Annuitätenschulden, die sicherstellen, daß „die Schulddauer (niemals) die dritte Generation des Gläubigers (erreicht)" (S. 366). Ich habe den Sinn dieser Forderung nicht verstanden. Vielleicht soll durch die „Schuldamortisation" (v. Stein) der Entwicklung einer Rentiersmentalität vorgebeugt werden (was allerdings der Rentenregel widersprechen würde, da es verlangte, daß nicht nur eine einzelne Schuld, sondern die gesamte Staatsverschuldung reduziert würde).

Die *vierte und letzte Funktion* der Staatsverschuldung kann schließlich als *Friedensstiftungs- und Kontrollfunktion* bezeichnet werden: v. Stein weist darauf hin, daß eine wechselseitige internationale Schuldverflechtung zur „Mutter des Wohlwollens des wirtschaftlich Stärkeren gegen den Schwächeren (wird)" (S. 241) und daß dies ebenso wie der internationale Handel friedensfördernd wirke. Hinzu komme — darauf wird noch näher eingegangen —, daß sich im Zins, den ein Staat zahlen müsse, widerspiegele, wie die Welt über ihn und damit auch seine Regierung und Verwaltung als Schuldner urteile (vgl. ebenda). Daß sich hieraus Vergleichsmöglichkeiten für die Staatsbürger ergeben und daß die Weltmeinung und ihr Ausdruck in den Ziffern des Kursblattes eine disziplinie-

---

[44] L. *v. Stein*, a. a. O. (Fn. 3).

rende Funktion hat, liegt auf der Hand. Eine besondere Regel für die Schuld*aufnahme* folgt hieraus nicht; es ergeben sich aber Maximen für die Gestaltung der Schuldenstruktur, die nun besprochen werden sollen.

4.2 Regeln für die Schuldenstrukturpolitik des Staates

4.2.1 Ist v. Stein ein Vertreter des „procyclical debt management"?

„Gegenstand der Schuldenstrukturpolitik ist nicht die Variation des Volumens, sondern die Bestimmung und Beeinflussung der Struktur eines vorgegebenen staatlichen Schuldenstandes"[45], also der Kreditlaufzeiten, der Schuldformen und des Gläubigerkreises. v. Stein bezeichnet die Schuldenstrukturpolitik als „Staatsschuldenverwaltung" (S. 274). Er unterteilt sie in die Kontrahierungs-, Zins- und Tilgungspolitik (ebenda) und weist ihr zwei Aufgaben zu: „Die erste Aufgabe ... besteht darin, die feste Staatsschuld so zu organisieren, daß sie bei gleicher Einnahme für den Staat den Finanzen desselben die möglichst geringe Ausgabe verursache. Die zweite ergibt sich aus dem mächtigen Einfluß, den die Eingebung solcher Schulden sowie die Verteilung ihrer Zinsen auf die Kreditverhältnisse der ganzen übrigen Volkswirtschaft ausüben" (S. 294 f.). Die erste Teilaufgabe könne auch als „finanzpolitischer" Teil der Schuldenverwaltung betrachtet werden (wir würden heute von einer „fiskalischen Zielsetzung" sprechen); sie sei schwierig, weil eine Zinskostenminimierung nur erreichbar sei, wenn man Kontrahierungs-, Zins- und Tilgungspolitik als Einheit betrachte (S. 295). Die zweite Teilaufgabe sei eine „staatswirtschaftliche" (ebenda). Es käme dabei darauf an, das gesamte Kredit- und Zahlungswesen im Hinblick auf volkswirtschaftliche Zielsetzungen zu beeinflussen, die im einzelnen nicht erläutert werden, bei denen aber anscheinend schon an so etwas wie eine wachstumsorientierte Laufzeitstrukturpolitik gedacht wird[46]. v. Stein geht dann aber nicht mehr näher auf diesen Gedanken ein, sondern konzentriert sich auf das fiskalische Ziel der Zinskostenminimierung. Bedenkt man, daß er eine externe Verschuldung vor Augen hat, ist dieses Ziel auch in allokativer Hinsicht unmittelbar einsichtig, denn vom Standpunkt der eigenen Volkswirtschaft aus sind Zinszahlungen an das Ausland ja mit einem Verzicht auf mögliche Faktornutzungen verbunden; aber auch bei einer internen Verschuldung wäre das Ziel allokativ gerechtfertigt, denn man muß ja bedenken, daß eine Zins- und

---

[45] *Wissenschaftlicher Beirat beim Bundesministerium der Finanzen:* Gutachten zur Schuldenstrukturpolitik des Staates, Schriftenreihe des Bundesministeriums der Finanzen, Heft 27, Bonn 1979, S. 15.

[46] Zu dieser Art Politik vgl. das eben (Fn. 45) zitierte Beiratsgutachten, S. 46 ff. Eine wachstumsorientierte (oder allgemeiner: die optimale Allokation nicht störende) Laufzeitstrukturpolitik könnte z. B. auf eine ausgewogene Laufzeitmischung gerichtet sein (so die Mehrheitsmeinung im Beirat) oder sich am Ziel der Fristenkongruenz zwischen angestrebter Verschuldungsdauer und vereinbarter Laufzeit orientieren (so eine Minderheitsmeinung, die für möglichst wenig Fristentransformation und damit verbundene „falsche Signale" plädiert).

Tilgungssteuer wie jede Steuer mit Zusatzbelastungen (excess burden) verbunden ist und daß Zinszahlungen deshalb nicht nur eine Kaufkraftumverteilung
beinhalten, sondern auch ein gewisses Maß an volkswirtschaftlichen
(Transaktions-)Kosten[47].

Im Rahmen der (neueren) Theorie der Schuldenstrukturpolitik unterscheidet
man drei Richtungen[48]:

● Die erste wird durch den *„procyclical approach of debt management"* gebildet.
Die Vertreter dieses Ansatzes beschränken sich allein auf das Ziel der
Zinskostenminimierung. Da es im Hinblick auf dieses Ziel günstig ist, sich in
der Hochkonjunktur (d. h. bei hohen Zinsen) nur kurzfristig, im Konjunkturtief (bei niedrigen Zinsen) dagegen langfristig zu verschulden, empfehlen
die Vertreter dieser Richtung, die durchschnittliche Laufzeit in der Hochkonjunktur zu verkürzen und im Konjunkturtief zu verlängern. Betreibt man ein
solches „tailoring the debt to the market", verstärkt man natürlich die
Tendenz der Langfristzinsen, auch im Konjunkturtief nur mäßig zu sinken,
und wirkt damit tendenziell prozyklisch. Die bewußte Hinnahme dieser
Tatsache hat dieser Empfehlungsrichtung ihren Namen gegeben.

● Die zweite Richtung, der *„neutral approach of debt management"*, verlangt ein
neutrales Verhalten des Staates: Dieser soll sowohl auf die prozyklische
Zinskostenminimierung als auch auf eine antizyklisch gedachte Schuldenstrukturpolitik verzichten und statt dessen eine vorhersehbare und möglichst
fristenkongruente Schuldenstrukturpolitik betreiben, die auf eine Minimierung der vom Staat ausgehenden Störungen ausgerichtet ist.

● Die dritte Richtung, der *„anticyclical approach"*, verlangt schließlich eine
antizyklische Schuldenstrukturpolitik. Diese bezieht meist die Geldpolitik
ein und soll darauf ausgerichtet sein, den langfristigen Zins gerade im
Konjunkturtief zu senken und dadurch unter Hinnahme vergleichsweise
höherer staatlicher Zinskosten eine Konjunkturanregung zu bewirken. Der
Staat soll sich deshalb in der Hochkonjunktur langfristig verschulden (und
damit die als zu hoch betrachteten privaten Investitionen drosseln und
langfristig orientierte Investoren vom Markt verdrängen); im Konjunkturtief
soll er dagegen kurzfristige Schulden aufnehmen und damit die private
Investitionstätigkeit anregen und am Kapitalmarkt Platz für — ggf. vorher
verdrängte — private Investoren schaffen, die sich langfristig günstig
verschulden wollen.

Im Hinblick auf diese Politikeinteilung könnte v. Stein als Vertreter eines
prozyklischen Ansatzes eingestuft werden. Aus der Tatsache, daß er auf
„staatswirtschaftliche Zielsetzungen" verweist, die neben dem Ziel der Zinskostenminimierung verfolgt werden könnten, ließe sich darüber hinaus schlie-

---

[47] Vgl. G. H. *Milbradt*, a.a.O. (Fn. 31), S. 102ff.
[48] Vgl. G. H. *Milbradt*, a.a.O. (Fn. 31), S. 21.

ßen, daß er die prozyklischen Effekte zugunsten der Zinskostenminimierung sogar bewußt hinzunehmen geneigt ist.

Ich halte dies jedoch für eine Überinterpretation. Statt dessen meine ich, daß es v. Stein bei seiner Argumentation nur auf den langfristigen Kredit des Staates im Ausland ankam und daß die heutige, konjunkturpolitisch orientierte Einteilung schuldenstrukturpolitischer Varianten auf ihn deshalb nicht anwendbar ist.

4.2.2 Die Steinsche Schuldzinsformel

Halten wir fest: v. Stein geht es um eine nachhaltige (langfristige) Minimierung der staatlichen Zinskosten, und er unterstellt dabei die Situation eines Staates, der einem extern verschuldeten Entwicklungsland gleicht. Solch ein Staat, so führte er aus, müsse bedenken, daß die Höhe der erforderlichen Zinszahlungen von seinem eigenen Verhalten abhänge. Die zu berücksichtigenden Zusammenhänge schildert er natürlich verbal; man kann seine Ausführungen jedoch in eine formale Darstellung übersetzen und kommt dann zu der in Übersicht 6 dargestellten Schuldzinsformel. Diese macht deutlich, daß sich der Effektivzins r_i, den ein Land zahlen muß, aus drei Komponenten zusammensetzt:

● einem „*Minimalzinsfuß*" (S. 319), der zu keiner Zeit und in keinem Land unterschritten wird;

● einer *Crowding-out-Komponente*, die nur dort gezahlt werden muß, wo die tatsächliche Staatsverschuldung größer ist als ein Verschuldungspotential, das man als „laufend gebildetes Rentenkapital" bezeichnen könnte; dieses ergibt sich nach v. Stein daraus, daß eine breite Schicht von Rentiers existiert, die nach einer sicheren Wiederanlage für ihre Zinseinkünfte sucht; nur dann, wenn die laufende Staatsverschuldung größer ist als das laufend gebildete Rentenkapital, muß der Staat auch auf das „Reproduktivkapital" (S. 309) zurückgreifen und deshalb einen Zinsanstieg in Kauf nehmen; und

● einer „*Sicherheitsprämie*" (S. 319), die das Länderrisiko abdeckt.

An der Formel fällt unmittelbar folgendes auf:

● v. Stein äußert sich nicht dazu, wie sich eine evtl. Geldentwertung auf den Zinssatz auswirkt. Offensichtlich soll die Formel für den realen Zinssatz gelten.

● v. Stein betrachtet die Existenz eines Minimalzinssatzes — also einer Art Liquiditätsfalle — als Selbstverständlichkeit, die nicht weiter erklärungsbedürftig ist. Ähnliches kann man andeutungsweise auch schon vor ihm in der Literatur feststellen. Im Hinblick auf die Funktionsfähigkeit des Kapitalmarktes ist die Annahme eines Minimalzinssatzes aber natürlich ein wichtiger Punkt, der weiter geklärt werden müßte, denn bei Existenz eines Mindestpreises wäre ja nicht mehr garantiert, daß der Kapitalmarkt unter allen Umständen geräumt wird.

Übersicht 6

Die Steinsche Schuldzinsformel

$$r_i = \begin{cases} 0{,}03 + \left(1 - \dfrac{S_i^{Rent}}{S_i^{tats}}\right) 0{,}02 + z_i & \text{für } S_i^{tats} \geq S_i^{Rent} \\[2ex] 0{,}03 + z_i & \text{für } S_i^{tats} < S_i^{Rent} \end{cases}$$

Es gilt:

mit:

r_i = Effektivzins, den ein Staat i zahlen muß;

S_i^{Rent} = Neuverschuldungspotential im Land i, das allein aus Zinsen auf den Rentenkapitalstock bedient werden könnte;

S_i^{tats} = tatsächliche Neuverschuldung im Land i; bei $S_i^{tats} > S_i^{Rent}$ wird vom Staat außer S_i^{Rent} auch noch laufend gebildetes „Reproduktivkapital" in Anspruch genommen;

z_i = Risikozuschlag für das Land i, gemessen als landestypischer Zuschlag zum Zins für absolut sichere Anlagen (d. h. dem „Minimalzinsfuß" in Höhe von 3 %).

Quelle: Vgl. die (verbalen) Ausführungen in: *L. v. Stein:* Lehrbuch der Finanzwissenschaft zweiter Theil: Die Finanzverwaltung Europas. Mit specieller Vergleichung Englands, Frankreichs, Deutschlands, Oesterreichs, Italiens, Rußlands und anderer Länder. Dritte Abteilung: Das Staatsschuldenwesen, fünfte, neu bearb. Aufl., Leipzig 1886, S. 318 ff.

● v. Stein geht davon aus, daß ein Crowding-out stattfinden muß (und bei Befolgung der Reproduktivitätsregel auch zulässig ist), wenn die inländische Staatsverschuldung das inländische Aufkommen an laufend gebildetem Rentenkapital übersteigt. Dieses besteht aus zur Wiederanlage anstehenden Zinsen auf einen Kapitalstock, dessen Eigner (die Rentiers) mehr an Sicherheit als an Zinsen interessiert sind und dessen Nutzung daher primär dem Staat angedient wird. Erst, wenn die laufende Staatsverschuldung dieses Zinsaufkommen (das laufend gebildete inländische Rentenkapital) übersteigt, muß auf inländisches Reproduktivkapital zurückgegriffen werden, auf Kapital also, das ansonsten in private Investitionen gewandert wäre und davon durch höhere Zinsangebote abgehalten werden soll. Diese Konzentration auf das Inland widerspricht aber dem sonstigen Ansatz v. Steins: An sich müßte er einen Quotienten aus dem Welt-Rentenkapital und der Welt-Staatsverschuldung bilden (von offensichtlichen sonstigen Einwänden einmal ganz abgesehen)[49].

● In einem Staat mit minimalem Länderrisiko ($z_i = O$) kann der Zins auch bei starker Staatsverschuldung niemals auf einen höheren Satz als 5% steigen. Warum solch eine Obergrenze existiert, wird ebenso wie der Mindestzinssatz nicht erklärt. Man könnte vielleicht an die internationale Verbindung der nationalen Kapitalmärkte denken: Bietet ein Staat weniger als 3%, gibt es im Ausland genügend als ausreichend sicher betrachtete Alternativen für die Rentiers; bietet ein sicheres Land dagegen wenigstens 5%, lockt es das Rentenkapital der ganzen Welt an.

Wie es sich mit diesen Fragen im einzelnen auch verhalten möge, die Formel verdeutlicht jedenfalls, daß der entscheidende Ansatzpunkt für eine Politik der Zinskostenminimierung in der Reduzierung des spezifischen Länderrisikos z_i gesucht werden muß. Hierauf und auf die Erhaltung der allgemeinen Kreditwürdigkeit eines Landes stellt v. Stein denn auch seine Empfehlungen ab.

4.2.3 Ansatzpunkte einer Politik der Zinskostenminimierung

Wie kann ein Staat den Risikozuschlag minimieren, den er zahlen muß? v. Stein nennt drei Ansatzpunkte: die Ordnungsmäßigkeit der Verwaltung, die Emissionsbedingungen und das Tilgungswesen.

● Hinsichtlich der *Ordnungsmäßigkeit der Verwaltung* betont v. Stein besonders
— die *Öffentlichkeit des Budgets* und die *Organisation des Steuerwesens* (S. 6),
— die *gesetzliche Anerkennung* der Schuld, verbunden damit, daß der Staat auf Zahlungen verklagt werden kann und Gerichtsurteile auch für sich als verbindlich anerkennt (S. 13f.) und
— die Bildung einer vom Finanzministerium unabhängigen *Staatskreditkommission*, die nicht nur eine Schuldenverwaltung im heutigen Sinne ist, sondern die auch das Entstehen von Staatsschulden überwacht (S. 14 und S. 284ff.), d. h. die sachliche Berechtigung zur Schuldaufnahme (Reproduktivitätsregel) und die Ordnungsmäßigkeit der Planung. Auf heutige Verhältnisse übertragen würde dies bedeuten, daß sich ein unabhängiger Rat von Sachverständigen vor jeder geplanten Neuverschuldung gutachterlich äußern müßte.

● Die Ratschläge zu den *Emissionsbedingungen* sind mehr technischer Natur und betreffen die Emissionsformen, Konversionen, Unifikationen und die Art der Zinszahlung. Letztere soll für die Gläubiger möglichst bequem eingerichtet und demonstrativ solide sein. Der Nominalzins von Anleihen soll außerdem auch dann nicht mehr als 5% betragen, wenn der Emissionskurs

---

[49] Der entscheidende Satz bei *v. Stein* lautet (S. 319): „Danach entsteht der Minimalzinsfuß da, wo der Überschuß aus Zinseinnahmen, also namentlich der Zinseinnahme aus der Staatsschuld (d.i. das laufend gebildete Rentenkapital, H. G.), *in einem Volk* so groß ist, daß die Summe derselben den Bedarf eines Staates an festen Anleihen vollständig zu decken vermag" (Hervorhebung: H. G.).

aufgrund des Länderrisikos dadurch unter pari sinkt; anderenfalls würden nämlich — so v. Stein — Befürchtungen hinsichtlich der Sicherheit der Anlage geweckt (S. 320 f.).

● Das *Tilgungswesen* schließlich hat primär die Aufgabe zu demonstrieren, daß die Mittelverwendung eine reproduktive ist und daß die Tilgung deshalb aus der gewachsenen Steuerkraft bewerkstelligt werden kann (S. 7). Vermieden werden soll auf alle Fälle der Eindruck, daß neue Schulden aufgenommen werden, um alte zu bedienen (S. 6 f.). Da dieser Gedanke v. Stein besonders wichtig erscheint, entwickelt er sogar einen damals anscheinend neuen Vorschlag, das sog. „Heimfallrecht der Schulden" (S. 362 ff.): Die reinen Zinsen auf die Staatsschuld sollen um einen Tilgungssatz erhöht werden, der bewirkt, daß die Schulden nach ca. 50 Jahren „heimfallen". Anders ausgedrückt: An die Stelle der ewigen Schulden, wie sie damals im Schrifttum propagiert und in der Praxis angestrebt wurden (S. 360), sollten Annuitätenschulden treten. Die für die Tilgung erforderlichen Mittel sollten durch eine eigene Steuer aufgebracht werden, und diese könne „naturgemäß" nur eine Einkommensteuer sein (S. 368) — „naturgemäß" wohl deshalb, weil die Schuldaufnahme ja die Steuerkraft und damit das Volkseinkommen erhöhen soll und deshalb auch aus einer Einkommensteuer besonders gut getilgt werden könnte.

Über die Primärfunktion hinaus, die Solidität der Schuldaufnahme zu demonstrieren, hat das Tilgungswesen die Aufgabe, den Staat über Kurspflegemaßnahmen als gläubigerfreundlichen Schuldner auszuweisen (S. 368 und S. 398 ff.). Außerdem sollen im Wege der „Ankaufs-" oder „freien Tilgung" temporäre Chancen zur Kostenminderung wahrgenommen werden (ebenda).

5. Zusammenfassung

Ich fasse zusammen und konzentriere mich dabei auf die wesentlichen Aussagen v. Steins zur Staatsverschuldung:

(1) v. Stein betont den Unterschied zwischen einer internen und einer externen Staatsverschuldung und arbeitet heraus, daß sich die mitteleuropäischen Staaten in dieser Hinsicht fundamental von England und Frankreich unterscheiden.

(2) Er konzentriert sich bei seinen Aussagen auf die *externe* Staatsverschuldung und hier wiederum auf *Budgetniveauwirkungen* (entwicklungsorientiertes Deficit spending) und *Schuld-Schuld-Differentialwirkungen*, d. h. die Schuldenstrukturpolitik (zinskostenorientiertes Debt management).

(3) Für das entwicklungsorientierte Deficit spending stellt er *drei Schuldaufnahmeregeln* auf: die *Reproduktivitätsregel*, die *Rentenregel* und die *Generationenregel*. Hierdurch sollen eine produktive Verwendung der Schuldmittel im

weitesten Sinne, eine an den Bedürfnissen der Altersversorgung orientierte Ausgestaltung und eine gerechte Lastverteilung zwischen den Generationen im Sinne der Pay-as-you-use-Finanzierung bewirkt werden.

(4) Dem zinskostenorientierten Debt management kommt primär die Aufgabe zu, den Risikozuschlag zu minimieren, der sich aus der Einschätzung des Landes in der Weltmeinung ergibt (S. 8 und S. 241) und der nach der *Steinschen Zinsformel* zusammen mit dem Minimalzins von 3 % und der Crowding-out-Komponente den Effektivzins bestimmt. Um das Vertrauen der Welt zu gewinnen, soll die gesamte Schuld eines Landes allmählich in eine Annuitätenschuld („Heimfallschuld") umgewandelt und mit einer Einkommensteuer gekoppelt werden. Diese soll als Tilgungssteuer dienen und beweisen, daß die Schuldaufnahme produktiv war, d. h. die Steuerkraft erhöht hat.

(5) Insgesamt wird damit eine Verschuldungsdiskussion geboten, die sich bezüglich der unterstellten Randbedingungen deutlich von der klassischen Diskussion unterscheidet und auch heute noch ein gewisses Maß an Aktualität aufweist — freilich nicht mehr im Hinblick auf Mitteleuropa, sondern vor allem für die heutigen Entwicklungsländer.

Goethe hat seinen ungeliebten Kritikern und speziell den (Literatur-) Professoren in den „Zahmen Xenien" den ironischen Rat gegeben:

> „Im Auslegen seid frisch und munter!
> Legt ihr's nicht aus, so legt was unter!"[50]

Ich habe mich bemüht, v. Steins Ideen zur Staatsverschuldung in geraffter Form und im Lichte unserer heutigen Theorie darzustellen. Dies ist mir seiner Sprache und seiner teils weit ausholenden und das Institutionelle betonenden, teils aber auch sprunghaften Art wegen nicht leicht gefallen. Ich hoffe dessen ungeachtet, daß ich ihm nichts untergeschoben, sondern ihn fair interpretiert habe.

---

[50] J. W. *v. Goethe:* Zahme Xenien II, in: derselbe, Werke Bd. I: Gedichte, Versepen, ausgewählt von W. *Hollerer*, Frankfurt 1977, S. 189 f.

Quesnays Tableau Economique als Uhren-Analogie

Von *Heinz Rieter*, Hamburg*

> „Jay taché de faire un tableau
> fondamental de l'ordre oeconomique ...
> On peut voir par ce zizac ce qui
> se fait sans voir le commun ..."
>
> (Quesnay 1758/59 an Mirabeau)

I. Leitbilder der physiokratischen Kreislauflehre

Der Franzose François Quesnay (1694-1774), Arzt am Hof Ludwigs XV., stand bereits im sechsten Lebensjahrzehnt, als er sich entschloß, seinem medizinischen Werk über die „Oeconomie animale" des menschlichen Körpers eine Ökonomie des gesellschaftlichen Organismus an die Seite zu stellen. Er wurde damit zum Begründer und verehrten Oberhaupt der *physiokratischen Schule*. Sie verstand sich als ökonomische Reformbewegung[1] und versuchte, mit zahlreichen Schriften auf sich aufmerksam zu machen und öffentlichen Einfluß zu gewinnen[2]. Dabei sollte ein von Quesnay erstmals 1758 vorgelegtes und

* Erweiterte Fassung des Referates, das ich am 13. März 1986 in Stuttgart auf der Tagung des Dogmenhistorischen Ausschusses des Vereins für Socialpolitik gehalten habe. — Dem Uhrenhistoriker Klaus Maurice, Direktor des Deutschen Museums in München, dem Leiter des Uhrenmuseums Wuppertal, Jürgen Abeler, dem Schriftsteller Anton Lübke sowie Anne Winter-Jensen vom Musée de l'horlogerie et de l'émaillerie, Genf, danke ich sehr für wertvolle Literaturhinweise. Das Musée international d'horlogerie, La Chaux-de-Fonds, erlaubte mir dankenswerterweise, Uhrenliteratur aus dem 18. Jahrhundert einzusehen. Dem philologischen Spürsinn meiner Frau Gisela Rieter verdanke ich die ‚schönsten Funde' im metaphorischen Wortschatz der Physiokraten. Nicht zuletzt bin ich Penny Krinninger und Robert Sondermann sowie meinen damaligen Mitarbeitern Katherine Nölling und Ulf Beckmann für viele praktische Hilfen bei der Vorbereitung dieses Beitrages herzlich dankbar.

[1] Nach wie vor unübertroffen: Georges *Weulersee*, Le Mouvement physiocratique en France (de 1756 à 1770), 2 Bde., Paris 1910, Repr. 1968.

[2] Ich stütze mich in diesem Beitrag überwiegend auf folgende physiokratische Schriften:
a) François *Quesnay*, Oeuvres économiques et philosophiques. Publiées avec une introduction et des notes par Auguste *Oncken*, Francfort 1888, Repr. Aalen 1965.
b) *Ders.*, Ökonomische Schriften, in zwei Bänden. Übersetzt, eingeleitet und hrsg. von Marguerite *Kuczynski*, Bd. I: 1756-1759, Berlin (Ost) 1971; Bd. II: Schriften aus den Jahren 1763-1767, Berlin (Ost) 1976.
c) Victor de *Riqueti*, Marquis de *Mirabeau*, Théorie de l'impôt, Avignon 1761. Das Werk erschien — ebenso wie die nachfolgenden Schriften — zunächst anonym; es wurde — so

danach mehrfach abgewandeltes *Tableau Oeconomique*[3] behilflich sein. Es handelt sich um eine „visuelle Denkstütze"[4] in Form eines Strichdiagramms (vgl. Abb. 1 und 2), das anhand geschätzter Wirtschaftszahlen veranschaulicht, wie sich die volkswirtschaftliche „Zirkulation [der] ursprünglichen Fonds an Reichtümern" (*Schriften I*, S. 465f.) unter bestimmten Bedingungen zwischen drei Klassen der Bevölkerung vollzieht[5]. Gerade dieses — wie manche Interpreten meinten — ‚wunderliche' und eher ‚verwirrende' *Tableau* der „Kreuz- und Quergänge der Einkünfte, deren Sprünge die Physiokraten mit kindlicher Freude verfolgten"[6], hat Quesnay ewigen Ruhm eingetragen: Er gilt als endgültiger ‚Entdecker' des Wirtschaftskreislaufs und damit als einer der Väter der Wirtschaftswissenschaft[7].

Kuczynski, in: *Quesnay*, Ökonomische Schriften, op. cit. unter b), Bd. I, S. XIV, Fn. 12 — „hauptsächlich von Mirabeau, unter Anleitung und minutiöser Kontrolle durch Quesnay verfaßt ..."

d) *Ders.*, Philosophie rurale, ou Economie générale et politique de l'Agriculture. Reduite à l'ordre immuable des Loix physiques & morales, qui assurent la prospérité des Empires, 3 Bde., Amsterdam 1764, Repr. Aalen 1972.

e) *Ders.*, Elémens de la Philosophie rurale, La Haye 1767.

Wird auf diese Quellen Bezug genommen oder aus ihnen zitiert, werden sie der Einfachheit halber mit folgenden Kurztiteln in Fußnoten oder als Klammerzusatz im Text angegeben: a) *Oeuvres*, b) *Schriften I* bzw. *II*, c) *Théorie*, d) *Philosophie I* bzw. *II* bzw. *III*, e) *Elémens*.

Alle Hervorhebungen in den Zitaten durch Kursivsatz stammen von mir, soweit nichts anderes vermerkt ist.

[3] Wiedergaben der verschiedenen Versionen u. a. in: *Schriften I*, Teil II, und bei R. *Suaudeau*, Les Représentations figurées des Physiocrates, Paris 1947.

[4] Herbert *Lüthy*, François Quesnay und die Idee der Volkswirtschaft, Zürich 1959, S. 11.

[5] Quelle der Abb. 1 und 2: August *Oncken*, Geschichte der Nationalökonomie, 1. (einziger) Teil: Die Zeit vor Adam Smith, Leipzig 1902, Neudruck Aalen 1971, nach S. 324 und nach S. 394. — Meine Interpretation bezieht sich — auch im weiteren — nur auf solche *Tableaux économiques* in der Zickzack-Form, die Quesnay und Mirabeau zunächst bevorzugten. Außerdem beschränke ich mich auf das Grundmodell — das sog. ‚Tableau im Gleichgewicht'. Es wird zudem auf seinen Kern reduziert. Auf die zum Teil problematischen Feinheiten (wie die Berücksichtigung von Abschreibungen, bestimmten Vorschüssen, Unternehmerlohn, Steuern oder Zinszahlungen) sowie auf die systematische Darstellung und den kritischen Vergleich der einzelnen *Tableau*-Versionen (im Gleichgewicht wie im Ungleichgewicht) kommt es hier nicht an. Vgl. dazu Ronald L. *Meek*, The Interpretation of the „Tableau Economique", in: Economica, N. S., Vol. 27 (1960), S. 322-347, und W. A. *Eltis*, François Quesnay: A Reinterpretation, 1. The *Tableau Economique*, in: Oxford Economic Papers, N. S., Vol. 27 (1975), S. 167-200, sowie die in beiden Beiträgen angegebene Literatur.

[6] Charles *Gide* und Charles *Rist*, Geschichte der volkswirtschaftlichen Lehrmeinungen, 3. Aufl., Jena 1923, S. 23.

[7] Beachte die jüngste Würdigung Quesnays als „bahnbrechenden Neuerer" von Horst Claus *Recktenwald*, Quesnays Gesamtwerk — eine wissenschaftstheoretische Sicht, in: W. *Leontief* und H. C. *Recktenwald*, Über François Quesnays „Physiocratie", Düsseldorf 1987, S. 27-67.

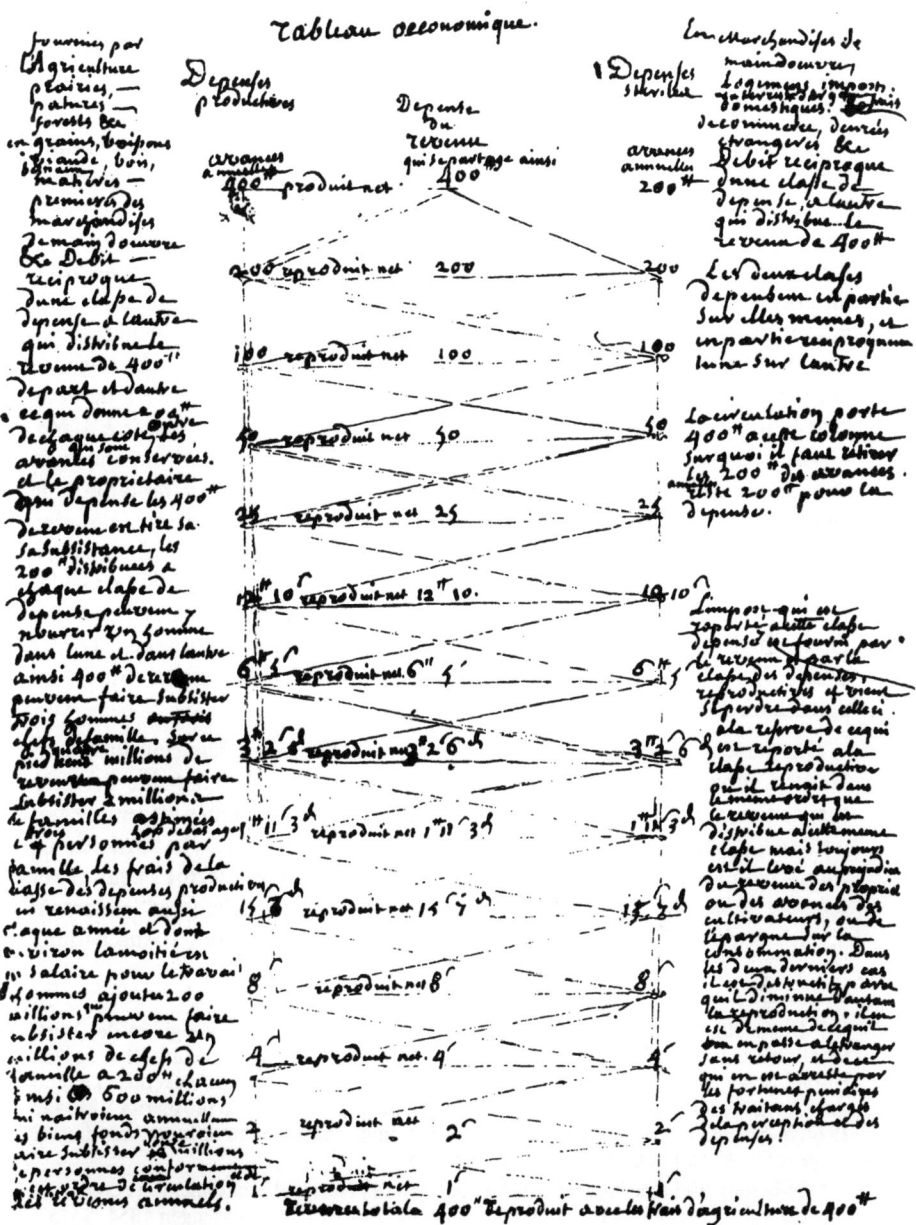

Aelteste von der Hand Quesnays herrührende Skizze des Tableau économique, aufgefunden im litterarischen Nachlasse des Marquis V. de Mirabeau, Archives Nationales, Paris, M. 784.

Abbildung 1

In den vergangenen 200 Jahren ist immer wieder die Frage aufgeworfen worden, ob Quesnay ein spezifisches Vor-Bild für sein *Tableau* hatte. Unter den Antworten überwiegt die — oft als selbstverständlich erachtete — Auffassung, der Mediziner Quesnay habe die volkswirtschaftliche Zirkulation der Einkommen in *Analogie zum Blutkreislauf* gesehen, der in seinen wesentlichen Funktionen von dem englischen Arzt William Harvey Anfang des 17. Jahrhunderts empirisch nachgewiesen worden war. In einem früheren Beitrag habe ich bereits zu zeigen versucht, daß diese Annahme u. a. aus medizinhistorischen Gründen wenig plausibel ist[8]. Zudem lassen sich im physiokratischen Schrifttum anscheinend keine ausdrücklichen Bekenntnisse zu dieser Analogie finden, die zugleich andere Leitbilder für das *Tableau* ausschließen. Entsprechend spärlich sind die Quellenangaben in der Sekundärliteratur. Meist wird auf die folgende Mirabeau-Stelle verwiesen[9]: „Il faut bien observer ici qu'il en est de cette circulation de l'argent du revenu, comme de celle du sang" (*Philosophie I*, S. 66). Genau genommen wird hier jedoch die Geld(einkommens)zirkulation und nicht der „Güterumlauf mit der Blutzirkulation verglichen".[10] Dies bestätigt eine Bemerkung Turgots, des späteren französischen Finanzministers, der den Physiokraten zeitweilig nahestand: „In diesem kontinuierlichen Vorschießen und Zurückfließen der Kapitalien besteht das, was als die Zirkulation des Geldes zu bezeichnen ist, jener nützliche und fruchtbare Kreislauf, der alle Arbeiten der Gesellschaft anregt, der die Bewegung und das Leben im politischen Körper erhält und den man mit vollem Recht mit der Zirkulation des Blutes im animalischen Körper vergleicht."[11]

Das entscheidende oder alleinige Vor-Bild für Quesnays Kreislauftheorie in Harveys umwälzender Lehre vom Blutkreislauf zu erblicken, ist eine Betrachtungsweise, die erst Ende des letzten Jahrhunderts aufgekommen zu sein scheint und sich danach schnell und nachhaltig durchgesetzt hat. Ihr Urheber ist wahrscheinlich der belgische Sozialökonom und Politiker Hector Denis gewesen, der Quesnays *Tableau* einer rein „organischen Anschauung" unterzog: „... ich finde in der Circulation der Reichthümer nach Quesnays Anschauung

---

[8] Heinz *Rieter*, Zur Rezeption der physiokratischen Kreislaufanalogie in der Wirtschaftswissenschaft, in: Studien zur Entwicklung der ökonomischen Theorie III, hrsg. von Harald *Scherf*, Berlin 1983, S. 55-99, hier S. 61 ff. und S. 85 f. Ebenso skeptisch äußert sich Giorgio *Gilibert*, Quesnay, la construzione della „macchina della prosperità", Milano 1977, S. 6 ff. Ich bin Bertram Schefold dankbar, mich auf diese interessante, mir damals entgangene Abhandlung hingewiesen zu haben.

[9] So bereits Wilhelm *Roscher*, Die Grundlagen der Nationalökonomie. Ein Hand- und Lesebuch für Geschäftsmänner und Studierende, Stuttgart und Tübingen 1854, S. 157, Fn. 2, und in allen späteren Auflagen, z. B. 24. Aufl., Stuttgart und Berlin 1906, S. 268, Fn. 3.

[10] *Ebd.*

[11] Anne Robert Jacques *Turgot*, Betrachtungen über die Bildung und Verteilung der Reichtümer, nach der von Turgot freigegebenen Ausgabe, Paris 1770, übersetzt von M. *Kuczynski*, Berlin (Ost) 1981, S. 145 f.

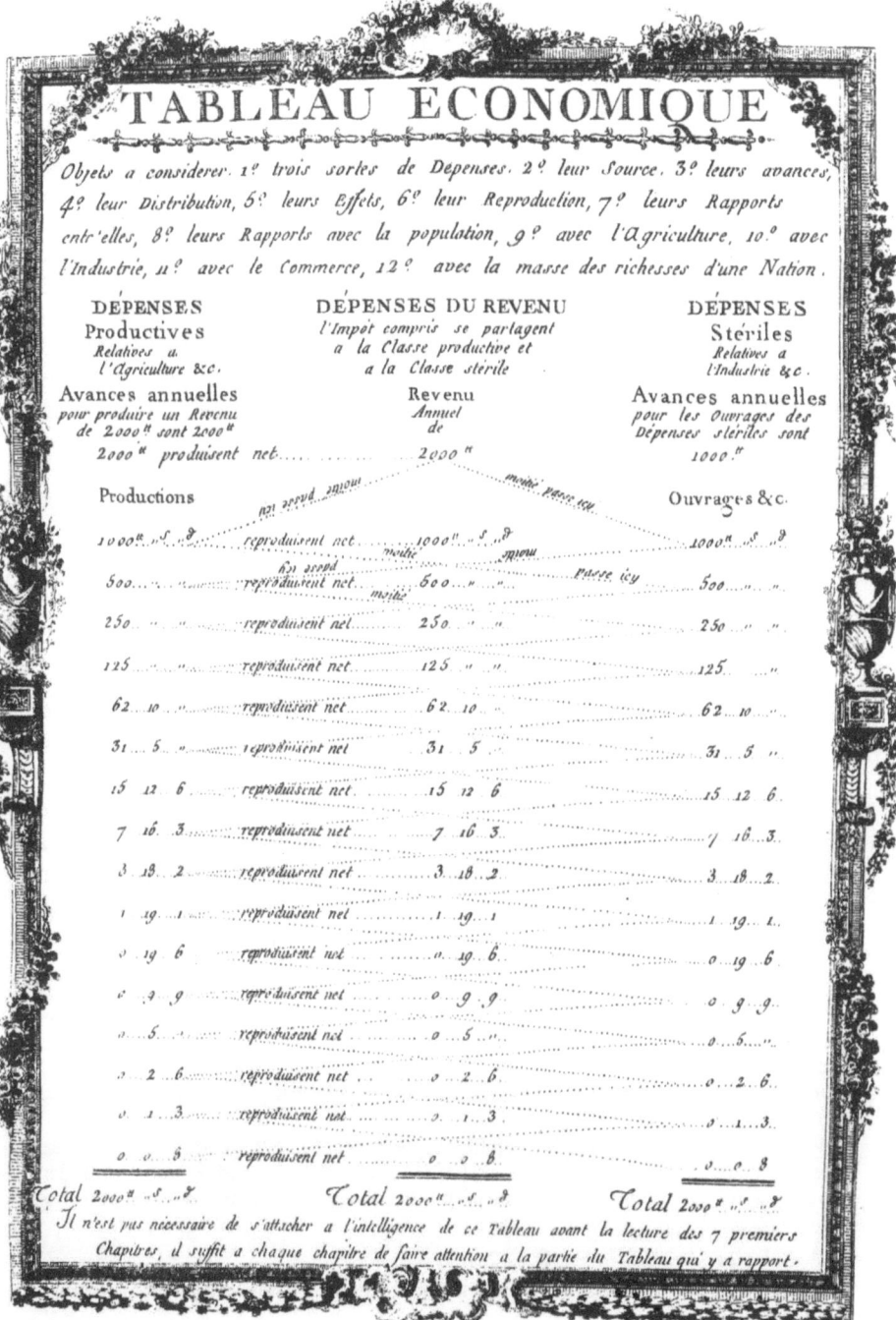

Prachtausgabe des Tableau économique, enthalten in den „Elemens de la Philosophie rurale"
(1767) des Marquis von Mirabeau.

Abbildung 2

eine auffallende Analogie mit der Circulation des Blutes und deren Eintheilung
in grosse und kleine Circulation ... Sicherlich ist das ökonomische Tableau oft
sehr compliciert, ... aber in seinen Grundzügen betrachtet, ist es die erste
synthetische Darstellung der Bewegung des Reichthums, auf welche in letzter
Linie das organische Leben der Gesellschaft zurückzuführen ist ... "[12] Und: „Ich
habe versucht, in zwei Diagrammen den Kreislauf des Reichthums in der
Gesellschaft (circulation des richesses) und seine Analogie mit dem Kreislauf des
Blutes darzustellen ..."[13] Zur Anerkennung und Verbreitung dieser Ansicht
dürften zwei viel gelesene Dogmengeschichten wesentlich beigetragen haben.
Zum einen hat August Oncken, gleichermaßen ausgewiesen als Kenner und
Herausgeber physiokratischer Schriften (vgl. Fn. 2), das *Tableau économique* in
strikter Weise organisch-biologisch gedeutet[14]. Zum anderen haben Gide und
Rist die Analogie bestätigt und sich dabei ausdrücklich auch auf Denis
berufen[15]. Seitdem gehört die Behauptung, fast zur Formel erstarrt, zum
eisernen Bestand der einschlägigen Literatur. Adolph Lowe spricht zu Recht
„von der abgeleiteten Analogie jenes Tableaus mit Harveys Anschauungen über
den Blutkreislauf"[16]. Durch ständiges Wiederholen ist sie jedenfalls nicht
überzeugender geworden.

Die These von der originellen ökonomischen Blutkreislauf-Analogie der
Physiokraten muß in mehrfacher Hinsicht relativiert werden:

(1) Die physiologische Analogie war lediglich *eines* der metaphorischen Stilmit-
    tel, zu denen die Physiokraten griffen, um ihre Doktrinen anschaulich zu
    machen. Sie zogen ebenso anatomische (z. B. *Philosophie I*, S. XLI) wie
    architektonische Vergleiche (z. B. *ebd.*, S. 331). Viel häufiger benutzten sie
    jedoch — wie dieser Beitrag zeigen will — *mechanistische Gleichnisse*.

(2) Es ist zweifelhaft, ob der Arzt Quesnay überhaupt auf der Höhe des
    biologischen Wissens seiner Zeit war. Seine medizinischen Schriften geben
    jedenfalls reichlich Anlaß, skeptisch zu sein[17]. Möglicherweise hatte er gar
    nicht Harveys, sondern eine veraltete Vorstellung von der Physiologie des
    Menschen im Kopf, als er an den ökonomischen Kreislauf zu denken
    begann[18].

---

[12] Hector *Denis*, Die physiokratische Schule und die erste Darstellung der Wirtschafts-
gesellschaft als Organismus. Der Kreislauf des Blutes und der Kreislauf der Güter, in:
Zeitschrift für Volkswirtschaft, Socialpolitik und Verwaltung, Bd. VI (1897), S. 89-101,
hier S. 93; *ders.*, Histoire des systèmes économiques et socialistes, Vol. I: Les fondateurs,
Paris 1904, S. 71 und S. 81ff.

[13] *Denis*, Die physiokratische Schule, op. cit. (in Fn. 12), S. 98f. Die gleichen
Kreislaufbilder in: *Ders.*, Histoire, op. cit. (in Fn. 12), S. 357f. Reproduktionen der Bilder
bei *Suaudeau*, op. cit. (in Fn. 3), S. 65ff., und bei *Rieter*, op. cit. (in Fn. 8), S. 66f.

[14] *Oncken*, op. cit. (in Fn. 5), S. 393f.

[15] *Gide / Rist*, op. cit. (in Fn. 6), S. 20f.

[16] Adolph *Lowe*, Politische Ökonomik. On Economic Knowledge, (1965), Königstein / Ts. 1984, S. 141.

[17] Vgl. *Rieter*, op. cit. (in Fn. 8), S. 62ff. und S. 87f.

(3) Mit den Entdeckungen von Kopernikus (heliozentrisches Weltbild), Kepler (Planetenumlauf), Harvey (Blutkreislauf) und Descartes (Maschinenmechanik) entfaltete sich die *Kreislaufidee* zu einem allgemeinen Ordnungsprinzip für Natur und Gesellschaft, das auch noch im 18. Jahrhundert weithin anerkannt war. Daher gab es das ökonomische Konzept der Zirkulation sowohl des Geldes als auch der Güter und der Einkommen — zumindest ansatzweise — spätestens seit der Renaissance[19]. In der Zeit der Aufklärung wurde das Konzept — noch *vor* Quesnay — „part of a standard international economic terminology"[20]. Davon zeugen in erster Linie die Beiträge von Boisguilbert, Cantillon, Galiani und Melon in der ersten Hälfte des 18. Jahrhunderts[21].

(4) Ebenfalls schon lange Zeit *vor* den Physiokraten ist der Wirtschaftskreislauf mit dem Blutkreislauf verglichen worden[22]. Im 17. Jahrhundert tat dies besonders eindringlich Thomas Hobbes in seinem *Leviathan* (1651), wobei nur strittig ist[23], ob ihn dazu die Forschungsergebnisse Harveys, mit dem er persönlich bekannt war, angeregt haben: „Eine Münze geht aus einer Hand in die andere, und durch ihren Umlauf wird jeder Bürger *ernährt*, so daß sie dem Staate dasselbe ist wie das Blut dem menschlichen Körper. Denn dieses entsteht auch aus den Früchten der Erde, durchrollt im Kreislauf die Glieder des Körpers und *ernährt* sie ... Der Kreislauf des ‚öffentlichen Blutes' ist doppelt, nach außen und innen, d. h., es wird ausgegeben und eingenommen ... Ist es nicht im menschlichen Körper ebenso? Einige Adern führen das aus den äußeren Teilen herströmende Blut zu dem Herzen, von wo aus dasselbe durch andere Adern zurückgetrieben wird, die Glieder bewegt und deren Bewegung befördert."[24] Diese Analogie beinhaltet jedoch mehr als die bloße Kreislaufvorstellung, sie malt ein (zum Teil schiefes) Bild von den *physiologi-*

---

[18] So V. *Foley*, An Origin of the *Tableau Economique*, in: History of Political Economy, Vol. 5 (1973), S. 121-150.

[19] Einen guten Überblick bietet S. Todd *Lowry*, The Archaeology of the Circulation Concept in Economic Theory, in: Journal of the History of Ideas, Vol. 35 (1974), S. 429-444.

[20] *Foley*, op. cit. (in Fn. 18), S. 126.

[21] Vgl. z. B. *ebd.*, S. 138 ff.; *Gilibert*, op. cit. (in Fn. 8), S. 16 ff.; Franz *Megnet*, Jean-François Melon (1675 bis 1738). Ein origineller Vertreter der vorphysiokratischen Oekonomen Frankreichs, Winterthur 1955, insbes. 7. Kap.

[22] Siehe die Übersicht von Harry *Schmidtgall*, Zur Rezeption von Harveys Blutkreislaufmodell in der englischen Wirtschaftstheorie des 17. Jahrhunderts. Ein Beitrag zum Einfluß der Naturwissenschaften auf die Ökonomie, in: Sudhoffs Archiv, Zeitschrift für Wissenschaftsgeschichte, Bd. 57 (1973), S. 416-430.

[23] Vgl. *Lowry*, op. cit. (in Fn. 19), S. 439, und Reinhard *Brandt*, Das Titelblatt des Leviathan, in: Leviathan, Zeitschrift für Sozialwissenschaft, Jg. 15, Heft 1/1987, S. 165-186, hier S. 175 f. und S. 182.

[24] Thomas *Hobbes*, Leviathan, Reclam-Ausgabe, Stuttgart 1980, S. 219 f. (Hervorhebung durch mich).

schen Funktionen des Kreislaufs: Seine Ströme „ernähren"[25] den menschlichen wie den gesellschaftlichen Körper, sie versorgen ihn mit lebenswichtigen Stoffen, sie müssen ungestört fließen, damit er am Leben bleibt. Mit anderen Worten: Der Mensch und die Volkswirtschaft sind nur dann ‚gesund', wenn die Lebenssäfte (Blut und Lymphe bzw. Geld und Einkommen) ungehemmt und gleichmäßig zirkulieren können; beide sind ‚krank' oder gehen sogar zugrunde, sobald der Kreislauf stockt und unregelmäßig wird. Die Analogie impliziert damit auch eine therapeutische Aussage: Störungen im Kreislauf müssen beseitigt werden, indem entweder die ‚natürlichen' Lebens- bzw. Wirtschaftsbedingungen wiederhergestellt und die Selbstheilungskräfte des Organismus stimuliert werden oder von außen korrigierend eingegriffen wird. Dies ist das metaphorische Repertoire, das in allen mir bekannten Blutkreislauf-Analogien stereotyp und oft in drastischen Redewendungen wiederkehrt, gleichgültig wann sie formuliert wurden. Seit Hobbes zieht sich *diese* Metaphorik buchstäblich wie ein roter Faden durch die ökonomische Wissenschaft. Die Blutkreislauf-Analogien von Law (1720)[26], Garczyński (1733/49)[27], Justi (1755)[28], Mirabeau (1764/67)[29], Turgot (1770)[30], Smith (1776)[31], Canard (1801)[32] sowie die

---

[25] Bemerkenswerterweise verwenden sogar medizinische Fachbücher immer noch diese Metapher: „Während der Lungenkreislauf der Regeneration der Blutgase dient, versorgt, ‚ernährt' der große Kreislauf mit seinen Gefäßen die Gewebe und Organe des Körpers" (*Sobotta-Becher*, Atlas der Anatomie des Menschen, 3. Teil, 16. Aufl., München-Berlin 1962, S. 2).

[26] Vgl. Hans Christoph *Binswanger*, Geld und Wirtschaft im Verständnis des Merkantilismus, in: Studien zur Entwicklung der ökonomischen Theorie II, hrsg. von Fritz *Neumark*, Berlin 1982, S. 93-129, hier S. 123.

[27] Edward *Lipinski*, Stefan Garczyński — Ein polnischer Nationalökonom aus dem XVIII. Jahrhundert über den Mechanismus der Wirtschaft, in: Zeitschrift für die gesamte Staatswissenschaft, 119. Bd. (1963), S. 334-360, bes. S. 337f.

[28] Vgl. Fritz *Blaich*, Der Beitrag der deutschen Physiokraten für die Entwicklung der Wirtschaftswissenschaft von der Kameralistik zur Nationalökonomie, in: Studien zur Entwicklung der ökonomischen Theorie III, hrsg. von Harald *Scherf*, Berlin 1983, S. 9-36, hier S. 28ff.

[29] Vgl. *Philosophie I*, S. 66, und — noch prägnanter — *Elémens*, S. 334: „Les rapports des Dépenses entr'elles établissent la juste distribution alimentaire des biens communs de la société, donnent la connoissance anatomique des vaisseaux & rameaux de tout genre, par lesquels se répandent les fluides de la circulation, qui vont nourrir jusqu'aux moindres parties de la Société. De-là, l'on connoît ce qui est obstruction, excroissance, loupe, chair morte, éjection, & c. ce qui appartient à chaque partie, ce qui lui revient, & ce qui lui suffit & l'on voit sur-tout que la pleine & libre circulation, est le vrai principe de la santé & de la vie."

[30] Vgl. die oben bereits zitierte (Fn. 11) Stelle; siehe ferner das Zitat bei *Denis*, Die physiokratische Schule, op. cit. (in Fn. 12), S. 94.

[31] Adam *Smith*, Eine Untersuchung über Natur und Wesen des Volkswohlstandes, *Waentig*-Ausgabe, 2. Bd., 2. Aufl., Jena 1923, S. 442, bzw. *ders.*, Wirtschaftspolitik, Buch 4 aus Der Wohlstand der Nationen, *Recktenwald*-Ausgabe, München 1974, S. 508. Es ist zudem bezeichnend, daß Smith die Blutkreislauf-Analogie nicht etwa bei seiner Analyse

bereits zitierten von Denis (1897) und Oncken (1902) sind repräsentative Beispiele dafür. Bleibt festzuhalten: Die Blutkreislauf-Analogie dient in der Wirtschaftswissenschaft weniger dazu, den Wirtschaftskreislauf an sich und seine ‚Mechanik' zu veranschaulichen, als dazu, den ‚Gesundheitszustand' resp. das ‚Krankheitsbild' einer Volkswirtschaft, gleichsam die Stabilitätsbedingungen ihres Kreislaufs, zu kennzeichnen. Auch die Physiokraten haben die Analogie in diesem organisch-biologischen Sinn benutzt, wobei sie in ihren Vergleichen jedoch nie so weit gegangen sind wie andere vor und nach ihnen, die eine fast vollständige Entsprechung zwischen dem Organ- und Gefäßsystem des Menschen und dem volkswirtschaftlichen Organismus postuliert haben.

(5) Schließlich erlaubt die *formale* Gestaltung des Quesnayschen *Tableau* (vgl. Abb. 1 und 2) keinen Rückschluß auf den Blutkreislauf als Vor-Bild. Die von Quesnay eingeführte Treppenform wäre denkbar ungeeignet gewesen zur Darstellung der Einkommenszirkulation in Analogie zum Blutkreislauf. Dazu hätte es eines kreis- bzw. ringförmigen Flußdiagramms bedurft, wie es jeder Biologe und Mediziner zeichnet, um die Kreisläufe des Blutes schematisch wiederzugeben, und wie es der Volkswirt benutzt, wenn er die aggregierten wirtschaftlichen Transaktionen als geschlossenes System realer und monetärer Einkommensströme abbilden will. Da es Quesnay in seinem *Tableau* vornehmlich um einen ganz anderen Aspekt der ökonomischen Zirkulation ging, nämlich um die Reproduktion des volkswirtschaftlichen Nettoprodukts bzw. Nettoeinkommens, wählte er verständlicherweise auch eine andere, dazu passende Darstellungsform.

Sofern es überhaupt eine konkretisierbare Leitvorstellung für Form und Inhalt des Quesnayschen *Tableau* gibt, wäre sie also woanders zu suchen. Meines Erachtens verweist das *mechanistische Weltbild* der Physiokraten auf eine bislang nicht konsequent genug verfolgte Spur[33]. Vor allem Quesnay war von Jugend an ein überzeugter Cartesianer, ein Anhänger der mechanistischen Bewegungsphysik und rationalistischen Metaphysik seines großen Landsmannes René Descartes, die ihm besonders durch die Werke des von den

---

des *Tableau économique*, sondern in seiner Diskussion merkantilistischer Handelspraktiken verwendet.

[32] N. F. *Canard*, Grundsätze der Staatswirtschaft (Principes d'Economie Politique), deutsch — französisch, Stuttgart 1958, S. 90f. bzw. S. 204, und S. 114ff. bzw. S. 215ff.

[33] Bedenkenswert ist auch der Ansatz des französischen Philosophen Michel *Foucault*, Die Ordnung der Dinge, (1966), Frankfurt am Main 1974, insbes. S. 89f. und 6. Kap., der die geistigen Wurzeln u. a. der physiokratischen Lehre in einer allgemeineren, nachmechanizistischen Ordnungsvorstellung aufspürt, derzufolge im 18. Jahrhundert die „Ordnung der Dinge" in getrennten Wissenschaften — der „allgemeinen Grammatik", der „Naturgeschichte" und der (physiokratischen) „Analyse der Reichtümer" — nach dem gleichen „Zeichensystem" hergestellt worden ist. Methodisches Werkzeug dieser Zeichentheorie war das „Tableau": „Der Sinn wird im vollständigen *Tableau* der Zeichen gegeben sein ... Das Tableau der Zeichen wird das *Bild* der Dinge sein" (*ebd.*, S. 101).

Physiokraten hochgeschätzten Philosophen Nicolas Malebranche zu Beginn des 18. Jahrhunderts vermittelt worden sind[34]. Zentrale Bausteine des physiokratischen Lehrgebäudes — das Produktivitätsdogma, die Reproduktionsgesetze, die Interdependenzvorstellung, das Gleichgewichtskonzept, der Rationalitätskalkül, das Ideal einer stationären Welt und nicht zuletzt der Kreislaufgedanke — korrespondieren eindeutig mit Elementen der *cartesianischen Lehre*[35]. Auch das *Tableau* des ökonomischen Reproduktionskreislaufs läßt sich leicht in diesen Rahmen einfügen[36]. Ich glaube, genügend Anhaltspunkte dafür gefunden zu haben, daß das *Tableau économique* dem *mechanischen Kugellauf* und anderen Elementen der *Uhrenmechanik* jener Zeit nachgebildet ist. Damit soll nicht behauptet werden, Quesnay habe als erster eine solche Analogie zwischen dem Kreislauf der Wirtschaft und dem Lauf der Uhr hergestellt. Die Uhrenmetaphorik war im mechanistischen Zeitalter sehr beliebt. Spätestens seit dem 16. Jahrhundert sah man im Räderwerk der Uhr ein Modell für komplexe Systeme, wie sie Staat, Gesellschaft und Wirtschaft darstellen[37]. Die physiokratische Uhren-Analogie markiert vielmehr den Kulminationspunkt dieser Betrachtungsweise.

Mit meiner These will ich auch keinesfalls andere Einflüsse auf das Denken der Physiokraten ausgrenzen. Der wissenschaftliche Eklektizismus dieser Schule stand ihrer farbigen Metaphorik in nichts nach. Bereits erwähnt wurden die biologisch-medizinischen Ursprünge. Die naturrechtlichen Wurzeln sind wohl am gründlichsten freigelegt worden[38]. Weitere Anstöße[39] gaben sicherlich die katholische Theologie und Scholastik, die Sozialphilosophie Cumberlands, der englische Empirismus, die Stoa, die Ideen der Aufklärung und nicht zuletzt die

---

[34] Siehe u. a. Akiteru *Kubota*, Quesnay, disciple de Malebranche, in: François Quesnay et la Physiocratie, Bd. I, Paris 1958, repr. unter dem Titel „Fondement Philosophique de la Théorie Économique de François Quesnay" in: *Ders.*, Essais sur François Quesnay, Tokyo 1960, S. 26-62; *Gilibert*, op. cit. (in Fn. 8), S. 3 und S. 6f.; *Rieter*, op. cit. (in Fn. 8), S. 69 ff.

[35] Vgl. *Rieter*, op. cit. (in Fn. 8), S. 65-75.

[36] Besonders deutlich hat sich dahingehend Karl *Pribram*, A History of Economic Reasoning, Baltimore and London 1983, S. 104, ausgesprochen: „The transmission of exchange values described in the *Tableau économique* showed a remarkable parallelism with the transmission of movements through inert bodies in the cosmology of Malebranche."

[37] Vgl. vor allem Otto *Mayr*, Authority, Liberty and Automatic Machinery in Early Modern Europe, Baltimore and London 1986, insbes. Kap. 4 und 5; siehe auch *Lipinski*, op. cit. (in Fn. 27), S. 337f. und S. 340.

[38] Vgl. z. B. Wilhelm *Hasbach*, Die allgemeinen philosophischen Grundlagen der von François Quesnay und Adam Smith begründeten politischen Ökonomie, Leipzig 1890.

[39] Überblicke bieten u. a. Wolfgang *Petzet*, Der Physiokratismus und die Entdeckung des wirtschaftlichen Kreislaufes. Versuch einer soziologischen Erklärung, Karlsruhe 1929; Václav L. *Holý*, Über die Zeitgebundenheit der Kreislauftheorien von Quesnay, Marx und Keynes, Zürich 1957, §§ 2 und 4; Wolfgang *Zorn*, Die Physiokratie und die Idee der individualistischen Gesellschaft, in: Geschichte der Volkswirtschaftslehre, hrsg. von Antonio *Montaner*, Köln 1967, S. 25-33, hier S. 28f.

chinesische Philosophie[40]. All diese Quellen werden regelmäßig in der dogmen-
geschichtlichen Literatur behandelt oder doch wenigstens genannt. Demgegenüber wird der *mechanistische* Einflußstrang auffälligerweise vernachlässigt bzw.
undifferenziert oder unvollständig einbezogen[41]. Beispielsweise wird die Wir-
kungsanalyse des Cartesianismus oft auf seine philosophische Komponente
beschränkt, so daß der Einfluß der cartesianischen Physik auf die Physiokratie
unbeachtet bleibt. Daran etwas ändern zu wollen, ist das eigentliche Motiv
meiner ‚Nachforschungen‘ gewesen.

II. Mechanischer Kugellauf und wirtschaftlicher Kreislauf

1. Die Hypothese

Meine Idee, Quesnays *Tableau*-Darstellung des Reproduktionskreislaufs in
Analogie zum mechanischen Kugellauf zu sehen, beruht auf folgender Gedan-
kenkette:

1. Die *cartesianische Physik* erklärte alle *Bewegungen* in der Natur mechanistisch durch die Nahwirkung, die Druck oder Stoß (und Zug) auf sich
berührende Körper ausüben: *Impetusmechanik*[42].

2. Maschinen[43] hießen zu dieser Zeit alle Geräte, die den Gesetzen dieser
Mechanik gehorchten.

3. „Das Ideal einer vollkommenen Maschine"[44] mit komplizierter Technik
und zugleich eines der Modelle des mechanistischen Weltbildes war die
Räderuhr[45]. „Sie ist der Typ einer Maschine, die auf der Grundlage eines genau

---

[40] Vgl. Birger *Priddat*, Ist das „laisser-faire"-Prinzip ein Prinzip des Nicht-Handelns?
Über einen chinesischen Einfluß in Quesnay's „Despotisme de la Chine" auf das
physiokratische Denken, Diskussionsschriften aus dem Institut für Finanzwissenschaft
der Universität Hamburg, Nr. 16/1984, und die dort nachgewiesene Literatur.

[41] Hervorragende Ausnahmen: *Gilibert*, op. cit. (in Fn. 8), und *Pribram*, op. cit. (in
Fn. 36), der die physiokratische Lehre sogar als „Cartesian Economics" (Chap. 7)
bezeichnet.

[42] Vgl. z. B. Rainer *Specht*, René Descartes, mit Selbstzeugnissen und Bilddokumen-
ten, Reinbek bei Hamburg 1966, S. 95 ff.; Hans *Sachsse*, Kausalität — Gesetzlichkeit —
Wahrscheinlichkeit. Die Geschichte von Grundkategorien zur Auseinandersetzung des
Menschen mit der Welt, Darmstadt 1979, S. 30 ff. u. S. 69 ff.

[43] Zum Konzept ‚Maschine‘ siehe Otto *Mayr* (Ed.), Philosophers and Machine, New
York 1976, S. 3 f.

[44] Die Welt als Uhr. Deutsche Uhren und Automaten. 1550-1650, hrsg. von Klaus
Maurice und Otto *Mayr*, München, Berlin 1980, S. 161.

[45] Allgemein zur Geschichte, Technik und Bedeutung der Räderuhr siehe u. a. Ernst
von Bassermann-Jordan, Uhren, (1914), 4. von Hans *von Bertele* völlig neu gestaltete Aufl.,
Braunschweig 1961, S. 143 ff.; Klaus *Maurice*, Von Uhren und Automaten. Das Messen
der Zeit, München 1968, S. 15 ff. u. S. 44 ff.; *ders.*, Die deutsche Räderuhr. Zur Kunst und
Technik des mechanischen Zeitmessers im deutschen Sprachraum, 2 Bde., München 1976;

zugemessenen Energievorrates eine genau vorgeschriebene Folge von Funktionsabläufen absolviert."[46]

4. kommt hinzu: „Uhren gehörten zu den klassischen Metaphern bei der Deutung der *Organismen* als mechanischer Systeme."[47]

5. Noch zu Quesnays Zeiten gab es einen technisch wie ästhetisch besonders reizvollen und daher viel bestaunten Uhrentyp — die *Kugellauf-Uhr*[48]. Sie mißt die Zeit, indem Kugeln aus Elfenbein, Glas oder Metall schräge Bahnen durchlaufen, die meist *spiral- oder zickzackförmig* ausgebildet sind.

6. Als Cartesianer wollte Quesnay den ‚*volkswirtschaftlichen Organismus*' und seine Funktionen mechanistisch erklären. In dieser Absicht entwarf er seine *Tableaux économiques*. Sie sollten die makroökonomische *Reproduktionsmechanik* veranschaulichen. Da in ihnen Zahlenkolonnen durch *Zickzacklinien* miteinander verbunden sind, nannte Quesnay das *Tableau* manchmal „le zizac"[49].

2. Zur Geschichte und Funktionsweise der Kugellauf-Technik

Das Kugellauf-Prinzip ist recht alt. Es findet sich bereits früh im Uhren- und Automatenbau. Die älteste bekannte und noch erhaltene Kugellauf-Uhr wurde von Christoph Margraf, bis 1604 Kammeruhrmacher Kaiser Rudolfs II. am Prager Hof, konstruiert und in mehreren Versionen gebaut[50]. Margraf erhielt für diese Erfindung 1595 ein kaiserliches Privileg. „Ausgehend von Galileis Feststellung, daß Körper auf derselben schiefen Ebene die gleiche Strecke in gleichen Zeiten durchrollen, ist Margrafs Prinzip leicht verständlich: Er läßt auf eine schiefe Ebene Kugeln nacheinander so abrollen, daß das Eintreten einer Kugel in die Bahn zeitlich mit dem Verlassen der Bahn durch die vorangegange-

---

Jean *Gimpel*, The Medieval Machine. The Industrial Revolution of the Middle Ages, 1974, Repr. London 1977, Chap. 7: „The Mechanical Clock: The Key Machine"; Anton *Lübke*, Das große Uhrenbuch. Von der Sonnenuhr zur Atomuhr, Tübingen 1977, S. 118 ff.; *Mayr*, op. cit. (in Fn. 37), Teil I.

[46] Georg *Klaus*, Kybernetik in philosophischer Sicht, 4. Aufl., Berlin (Ost) 1965, S. 400.

[47] *Specht*, op. cit. (in Fn. 42), S. 117. Diese mechanistische Organismus-Deutung ist von dem holistischen Konzept zu trennen, das auf Werden und Vergehen des Organismus abhebt.

[48] Zum Überblick: *Maurice*, Von Uhren, op. cit. (in Fn. 45), S. 47 ff.; Reinhard *Meis*, Die Alte Uhr. Geschichte — Technik — Stil, Bd. 1, Braunschweig 1978, S. 102 ff.

[49] Siehe die verschiedenen Hinweise zum „Zickzack" im „Analytischen Sachregister" von Madeleine *Karrer* und Marguerite *Kuczynski* in: *Schriften II*, S. 810.

[50] Erwin *Neumann*, Christopher Margraf and the Invention of the Rolling Ball Clock, in: La Suisse Horlogère, International Edition in English, No. 1, April 1958, S. 83-87; Hans *von Bertele* und Erwin *Neumann*, Der kaiserliche Kammeruhrmacher Christoph Margraf und die Erfindung der Kugellaufuhr, in: Jahrbuch der Kunsthistorischen Sammlungen in Wien, Bd. 59 (N. F., Bd. XXIII), 1963, S. 39-98, hier S. 39f., 46-53, 64-73, 85-90, 94-98.

ne Kugel zusammenfällt, und zeigt durch ein Zählwerk die Anzahl der Kugelabläufe an, wobei das Zählwerk als Uhrzifferblatt ausgebildet ist."[51] Zifferblatt und Zeiger sind an der Vorderseite eines verzierten Holzkastens angebracht, in dessen Inneren das eigentliche Uhrwerk verborgen ist. Es besteht aus einer gekippten Glasplatte, auf der im Zickzack Drahtsaiten gespannt und Umlenkstücke montiert sind, aus dem Hebe- und Auslösemechanismus für die Kugeln, den sonstigen Teilen des Gehwerkes (Antrieb, Getriebe) und dem Schlagwerk für die akustische Indikation. Der Lauf der Kugel wird durch Widerspiegelung im hochgestellten Deckel oder in einem Guckkasten sichtbar gemacht. Die Kugel scheint dadurch für den Betrachter auf- und abzuschweben. Dieser optische Reiz ließ sich vielfältig steigern. So machten etwa bemalte Spiegelschablonen sowie die Spiegelbilder plastischer Szenerien, die in einem Schacht unterhalb der Glasplatte arrangiert und von der Seite her angeleuchtet wurden, den projizierten Kugellauf zu einem wahren ,Schau-Spiel', das ganz nach dem Geschmack der Zeit war. Andere Uhrmacher huldigten dem Zeitgeist, indem sie ihre Kugellaufuhren wie Bauwerke gestalteten oder mit Architektur-kulissen und anderem ornamentalen Schmuck versahen. Und das „Spiel der Kügelchen" war nur noch Selbstzweck in jenen Kugellauf-*Automaten*, die amüsant die Zeit vertrieben, ohne sie zu messen[52].

Uhrentechnisch gesehen, handelt es sich beim Kugellauf-Prinzip um eine mechanische Programmsteuerung, die einen neuen *Zeitstandard* schuf, der älteren Gangreglern (Waag, Kreuzschlag) überlegen war. Sie ermöglichte eine genauere Zeitmessung, woran die Physiker, Ingenieure und Mediziner der Neuzeit gleichermaßen interessiert waren. Die neue Uhrentechnik fand im 17. und 18. Jahrhundert viele Nachahmer in Deutschland, Italien und Frankreich[53]. Dabei diente der Kugellauf sowohl als Zeitnormal und Antriebskraft als auch dazu, theatralische wie magische Effekte zu erzielen[54]. So verwendete beispiels-weise der Ulmer Uhrmacher Johann Sayller das „in Prag entwickelte Gangsy-stem, bei dem eine Kugel auf einer geneigten Glasplatte entlang zickzackartig

---

[51] *Bertele/Neumann*, op. cit. (in Fn. 50), S. 47.

[52] „Automaten waren die ersten zusammengesetzten Maschinen, die der Mensch schuf und mit denen er versuchte, die Natur oder das Leben nachzuahmen", so *Maurice*, Von Uhren, op. cit. (in Fn. 45), S. 50. Siehe den Überblick, *ebd.*, S. 50 ff. Siehe ferner *Maurice/Mayr*, op. cit. (in Fn. 44), S. 236 ff.; Annette *Beyer*, Faszinierende Welt der Automaten. Uhren, Puppen, Spielereien, München 1983. Ein anschauliches Bild von den automatischen Wunderwerken des 18. Jahrhunderts vermittelt der Katalog einer Ausstellung des Schiller-Nationalmuseums Marbach: Literatur im Industriezeitalter 1, hrsg. von Ulrich *Ott*, 2. Aufl., Frankfurt am Main 1987, S. 13-42. Speziell zum Kugellauf im Automatenbau vgl. *Bertele/Neumann*, op. cit. (in Fn. 50), S. 90-93.

[53] Vgl. Hans von *Bertele*, The Rolling-Ball Time-Standard, in: La Suisse Horlogère, International Edition in English, No. 3, Sept. 1956, S. 63-72, hier S. 65-72, und No. 4, Dec. 1956, S. 67-78, hier S. 75-78; *Bertele/Neumann*, op. cit. (in Fn. 50), S. 54-61 und S. 74-90.

[54] *Bertele*, op. cit. (in Fn. 53), Teil II, S. 71 ff.

gespannter Drähte läuft"[55]. Im Hinblick auf Quesnay ist besonders beachtenswert, daß der französische Militäringenieur Nicolas Grollier de Serviere Ende des 17. Jahrhunderts u. a. Kugellauf-Uhren gebaut und gesammelt hat. Sein ‚mechanisches Kabinett‘ war bekannt, es wurde sogar vom König besucht und in der Uhrenliteratur des 18. Jahrhunderts gerühmt. Obwohl alle Objekte verschollen sind, kann man sich heute noch eine genaues Bild von ihnen machen. Ein Nachkomme, Gaspard Grollier de Serviere, hat die Sammlung in einem mit Kupferstichen bebilderten Werk 1719 (2. Aufl. 1733) beschrieben[56]. Da Pendeluhren noch ganggenauer waren und sich die relativ komplizierte Kugellauf-Technik als störanfällig erwies, wurde sie im Laufe des 18. Jahrhunderts allmählich aufgegeben. Das Prinzip geriet schließlich so gründlich in Vergessenheit, daß es der englische Artillerieoffizier William Congreve nach 1800 als ‚neues Prinzip der Zeitmessung‘ nochmals ‚erfinden‘ konnte und 1808 darauf ein Patent erhielt[57].

3. Quesnays Kreislaufmechanik als Kugellauf

Gleichgültig, ob man die Kugellauf-Uhren von Margraf, Sayller oder die in den Abb. 3 bis 6 wiedergegebenen Stücke aus dem Kabinett von Grollier de Serviere betrachtet — verblüffend ist zunächst einmal die *formale* Ähnlichkeit zwischen der Kugellaufbahn und dem ‚Zickzack‘ des *Tableau économique*. Eine der Uhren (Abb. 4) hat sogar die Form eines *Tableaus*, das zudem dekorativ eingerahmt ist — ganz wie die „Prachtausgabe" des ‚ökonomischen Tableaus‘ von 1767 (vgl. Abb. 2). Und für das *Doppel*-Zickzack der Quesnayschen Tableaus finden sich ebenfalls uhren- bzw. automatentechnische Vor-Bilder[58]. Schließlich — und das ist am wichtigsten — läßt sich das Zickzack des ‚ökonomischen Tableaus‘ (z. B. Abb. 2) vollständig in Analogie zum mechanischen Zickzack einer Kugellaufuhr beschreiben, wobei — wie bei der Uhr — nicht alle Vorgänge sichtbar sind.

Zwei Kugeln mögen den von der ‚produktiven Klasse‘ der Bodenpächter in der abgelaufenen Periode erwirtschafteten ‚Reinertrag‘ (Produktionsüberschuß) in Höhe von (hier) 2000 Millionen Livres repräsentieren. Indem der Reinertrag als Pachtzins bzw. Bodenrente an die ‚Klasse der Grundeigentümer‘ abgeführt wird, werden die beiden Kugeln gewissermaßen in ihre Startposition im Kapitell der mittleren Säule gebracht. Der Kugellauf, sprich: die neue

---

[55] *Maurice/Mayr*, op. cit. (in Fn. 44), S. 226. Sayllers Kugellaufuhr von 1626 ist im Württembergischen Landesmuseum Stuttgart zu bewundern. Siehe auch *Bertele/Neumann*, op. cit. (in Fn. 50), S. 56 und S. 74-76.

[56] [Gaspard] *Grollier de Serviere*, Recueil d'ouvrages curieux de mathématique et de mécanique, ou description du cabinet de Monsieur Grollier de Serviere, avec des figures en taille-douce, seconde édition, Lyon 1733. Diesem Werk sind die Abb. 3 bis 6 entnommen.

[57] Siehe u. a. *Bertele/Neumann*, op. cit. (in Fn. 50), S. 61 u. S. 88.

[58] Vgl. das bei *Bertele/Neumann*, op. cit. (in Fn. 50), S. 93, abgebildete „Sphaeristerium mechanicum" (vor 1678).

XIII

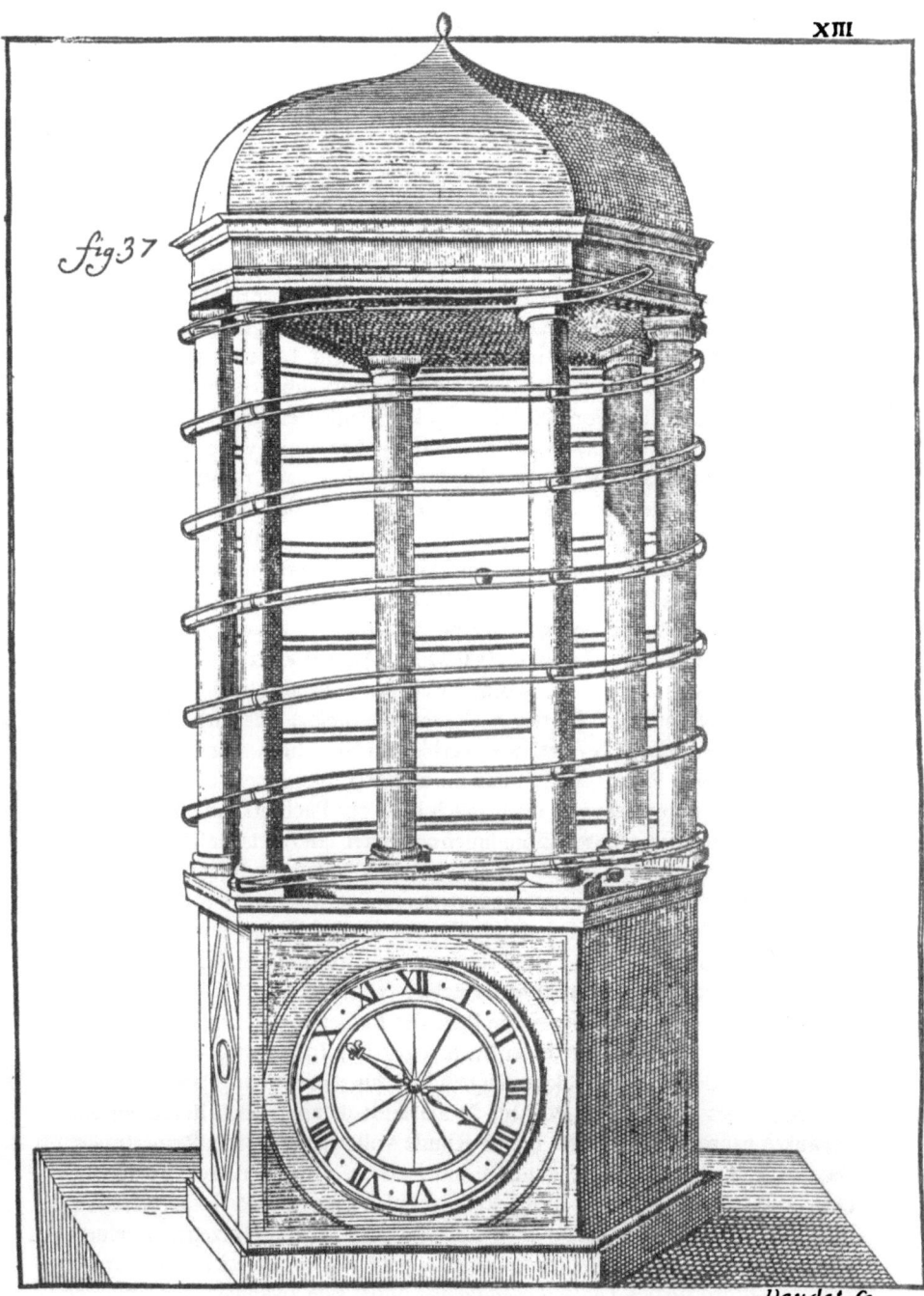

fig.37

Daudet fc.

Abbildung 3

Wirtschaftsperiode, kann beginnen. Das „Zickzack des Nettoprodukts" (Quesnay, *Schriften I*, S. 343), d. h. die (im stationären Gleichgewicht restlose) Verteilung und Reproduktion des Reinertrages, wird ‚ausgelöst', sobald die Eigentümerklasse den empfangenen Pachtzins ausgibt: 1000 Mill. L. für Lebensmittel und andere Bodenprodukte sowie 1000 Mill. L. für gewerbliche Güter. Entsprechend rollt die eine Kugel nach links zur ‚produktiven Klasse' der Landwirte und die andere nach rechts zur ‚sterilen Klasse' der Gewerbetreibenden. Diese ‚Einkommensstöße' versetzen beide Klassen in die Lage, neue Güter herzustellen, was im *Tableau* nicht explizit veranschaulicht wird. Da nach physiokratischem Dogma allein der Boden produktiv ist, erbringt jeder Einsatz in der landwirtschaftlichen Erzeugung eine (hier) doppelt so große Produktmenge, so daß nun Agrarprodukte im Wert von 2000 Mill. L. bereitstehen. Davon verbraucht der produktive Sektor annahmegemäß (aber nicht sichtbar im *Tableau*) Güter im Werte von 500 Mill. L. selbst. Außerdem werden gewerbliche Güter (hier für 500 Mill. L.) erworben, wodurch die bislang verfolgte ‚Einkommenskugel' umgelenkt wird in die nächste, von links nach rechts verlaufende Transversalbahn, die von der produktiven zur sterilen Klasse führt. Im produktiven Sektor verbleibt ein Überschuß in Höhe von 1000 Mill. L., der den Grundherren zusteht. Dieser Betrag wird als erstes Teilergebnis des Reproduktionsprozesses vom Zählwerk an der mittleren Säule des Tableaus — wie eine Uhrzeit — angezeigt. Auf der rechten Seite hat sich simultan der ‚Einkommensstoß' der anderen Kugel (ebenfalls 1000 Mill. L.) ausgewirkt: Da der gewerbliche Sektor jedoch ‚steril' ist, kann durch seine Produktionstätigkeit kein Reinertrag erzielt werden. Werden auch hier (im *Tableau* unsichtbar) 500 Mill. L. für den Eigenverbrauch verrechnet, verbleiben 500 Mill. L. für den Kauf von Lebensmitteln und Rohstoffen, so daß die zweite ‚Einkommenskugel' ebenfalls ‚umgelenkt' wird und nun von rechts nach links zur Pächterklasse weiterrollen kann. Der Wert der mit diesen Einnahmen erzeugten landwirtschaftlichen Güter ist wiederum doppelt so groß, beträgt also 1000 Mill. L. Werden von den Pächtern gewerbliche Güter im Gegenwert von 250 Mill. L. erworben (womit die Kugel auf der nächsten Diagonalbahn zur sterilen Klasse zurückrollt) und werden 250 Mill. L. für den Eigenverbrauch des produktiven Sektors abgezogen, ergibt sich ein Produktionsüberschuß von 500 Mill. L. à conto der Eigentümerklasse. Auch diese zweite Rate der Reinertrags-Reproduktion wird digital von der ‚Tableau-Uhr' in der Mitte registriert. In der angedeuteten Weise setzt sich nun der Lauf der beiden Kugeln fort, bis sie unten angelangt sind. Ihr Zickzack-Kurs (vgl. nochmals Abb. 2) markiert demnach den iterativen *Re*-Produktionsprozeß des in der ersten Runde voll ausgegebenen Reinertrages. Das *totale* Reproduktionsergebnis ist am Fuß der mittleren Säule abzulesen. Diese Summe einer geometrischen Reihe ist gleichsam der *Reproduktionsstandard* des *Tableau*, vergleichbar dem *Zeitstandard*, der die Uhrzeiger in einem bestimmten Takt (hier des mechanischen Kugellaufes) voranrückt. Auch für das *Zirkulationsprinzip* des *Tableau économique* findet sich zwanglos eine Entsprechung in der Kugellauf-Technik: Die beiden Kugeln ‚verbrauchen' sich nicht, sie

Abbildung 4

werden — unten angekommen — wieder nach oben gehoben, damit das
‚Schauspiel' von neuem beginnen kann. Ebenso ist es mit dem Reinertrag: Er
wird geschöpft und verwendet, aber nicht ‚vernichtet'. Vielmehr führt seine
Ausgabe zu Einnahmen, die ihrerseits wieder Ausgaben ermöglichen und auf
diesem Wege den Reinertrag ggf. in seiner ursprünglichen Höhe re-produzieren,
worauf ein neuer Kreislauf des Reinertrags folgen kann.

Die Kugellauf-Analogie des *Tableau économique* liefert zunächst eine plau-
sible Erklärung für Quesnays Bezeichnung „zizac", die vielen Interpreten so
dubios erschien. Eugen Dühring[59] etwa sah im ‚Zickzack' „wunderliche
Colonnenverknüpfungen", ja „eine sich bis zum Mysticismus steigernde
Verworrenheit und Willkür". Und Marguerite Kuczynski[60] mutmaßte: „Wohl
eher eine Namensgebung durch die leichtlebige Hofgesellschaft in Versailles,
welche Quesnay so unentwegt mit seinen Arbeiten beschäftigt sah." Hinter dem
Begriff ‚Zickzack' verbirgt sich jedoch nichts Geheimnisvolles, wenn man ihn
einfach so nimmt, wie er auch Quesnay in der Uhrenliteratur seiner Zeit
begegnet ist — als technischer Ausdruck. So beschreibt Grollier de Serviere 1733
die in Abb. 4 wiedergegebene *Tableau-Uhr* mit folgenden Worten: „On voit par
la Planche XIV. Figure 38. que le corps de la troisième Horloge est à peu près
comme celui d'un *tableau*. Il y a sur la face plusieurs petits liteaux canelés, posés
les uns sur les autres diagonalement en *zig-zag*: ces liteaux servent de canal pour
conduire deux bâles de cuivre qui les parcourent alternativement l'une après
l'autre, en descendant par leur poids naturel. ... Le mouvement de cette Horloge
est réglé par celui de ces deux bâles, suivant les principes que nous avons
expliqués, & marque les heures sur un cadran qui est placé au dessous du
tableau."[61]

Die Kugellauf-Interpretation des *Tableau économique* veranschaulicht ferner
„den wahren Charakter des Zig-Zag"[62] besser als jede Blutkreislauf-Analogie.
Denn: Quesnay ging es ja gar nicht *primär* um eine Volkswirtschaftliche
Gesamtrechnung nach dem Schema eines geschlossenen Wirtschaftskreislaufs,
die eine möglichst vollständige Erfassung der inter- und intrasektoralen
Einnahmen- und Ausgabenströme gestattet. Vielmehr suchte Quesnay nach den
„unabänderlichen und unverbrüchlichen" Bewegungsgesetzen der maximalen
volkswirtschaftlichen Reproduktion[63]. Sie erst machten die Ökonomie zur
Wissenschaft: „Toute la science économique consiste à diriger leur marche vers

---

[59] Eugen *Dühring*, Kritische Geschichte der Nationalökonomie und des Socialismus,
3. Aufl., Leipzig 1879, S. 108.

[60] Marguerite *Kuczynski*, in: *Schriften I*, S. 475, Fn. 3.

[61] *Grollier de Serviere*, op. cit. (in Fn. 56), S. 15 (Hervorhebung durch mich).

[62] Hans *Peter*, Zur Geschichte, Theorie und Anwendung der Kreislaufbetrachtung, in:
Schweizerische Zeitschrift für Volkswirtschaft und Statistik, 89. Jg. (1953), S. 1-24 und
160-170, wiederabgedruckt in: Geschichte der Volkswirtschaftslehre, hrsg. von Antonio
Montaner, Köln 1967, S. 374-410, hier S. 375.

[63] Vgl. *Rieter*, op. cit. (in Fn. 8), S. 71 ff.

XV

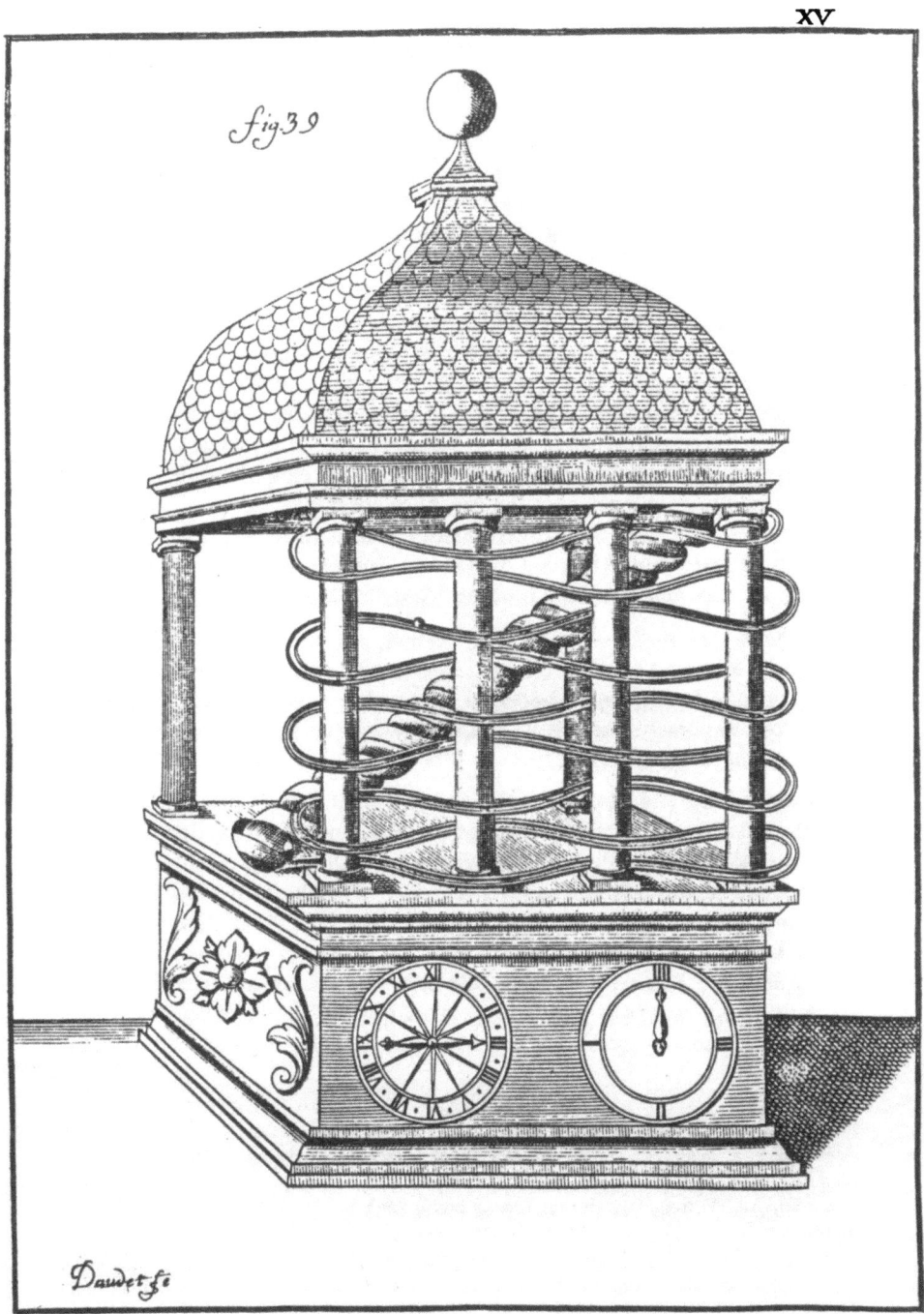

fig. 39

Daudet fe.

Abbildung 5

la plus grande reproduction possible, par la connoissance des résultats physiques qui assurent à l'action de la société la renaissance et la durée des dépenses" (*Philosophie I*, S. 333). Um dieses Theorieversprechen einlösen zu können, mußte die *Quelle des Kreislaufs* bestimmt werden, aus der „die alles belebende Rente"[64] sprudelt, und es mußten die Bedingungen angegeben werden, unter denen sich dieser Einkommensstrom ständig regeneriert. Für die Physiokraten stand fest, „... daß der Boden der alleinige Quell der Reichtümer ist und daß es die Landwirtschaft ist, welche diese vervielfältigt" (*Schriften II*, S. 295). Der volkswirtschaftliche Kreislauf wird folglich durch die Wertschöpfung der (allein produktiven) Pächterklasse in Gang gebracht. Ob er in Gang bleibt, hängt auch davon ab, wie sich das an die Grundeigentümer geflossene Renteneinkommen durch das Ausgabenverhalten aller drei Klassen schrittweise reproduziert[65]. Nur um diese beiden Aspekte geht es im Zickzack-Tableau. Es skizziert lediglich einen (für die physiokratische Lehre freilich grundlegenden) Ausschnitt aus dem komplexen Kreislaufgeschehen, der — buchstäblich — auf wenige Grundlinien reduziert ist: „So rafft das wohlkonzipierte Zickzack eine Menge Einzelheiten knapp zusammen und zeichnet für das Auge Ideen auf, die eng miteinander verschlungen sind und sich durch bloßes Nachdenken nur sehr mühselig begreifen, entwirren und mit den Mitteln der Sprache aufeinander abstimmen ließen", schreibt Quesnay an Mirabeau (*Schriften I*, S. 479)[66].

Ich habe mir natürlich die Frage gestellt, ob bei Quesnay offene oder versteckte Hinweise auf die *Uhr* im allgemeinen und die *Kugellauf-Uhr* im besonderen zu finden sind. Abgesehen davon, daß — wie gezeigt — das Wort ‚Zickzack' in uhrentechnischen Beschreibungen vorkommt, sind folgende Beobachtungen aufschlußreich:

(1) Quesnay schreibt in dem bereits zitierten Brief an Mirabeau: „Die Frau Marquise von Pailli erzählt mir, daß Sie sich immer noch mit dem Zickzack herumschlagen. Zugegeben, es berührt so viele Dinge, daß es schwierig ist, es in seiner Abgestimmtheit zu verstehen oder, vielmehr, es in seiner Selbstverständlichkeit von Grund auf zu begreifen. Mit Hilfe dieses Zickzacks kann man sehen, was vor sich geht, ohne zu sehen, wie dies geschieht ..." (*Schriften I*, S. 474f.). Gleiches läßt sich von manchen Kugellauf-Uhren sagen: Man sieht zwar, wie die Kugeln unaufhörlich hin- und hertanzen oder auf- und abschweben, aber der Mechanismus, der dies alles ermöglicht,

---

[64] *Peter*, op. cit. (in Fn. 62), S. 376.

[65] Vgl. u. a. *Peter*, op. cit. (in Fn. 62); Ernst *Helmstädter*, Quesnays Multiplikatortableau als kreislaufanalytisches Instrument, in: Studien zur Entwicklung der ökonomischen Theorie III, hrsg. von Harald *Scherf*, Berlin 1983, S. 37-54; *Eltis*, op. cit. (in Fn. 5), S. 180ff.

[66] Der Brief ist im Original abgedruckt bei Stephan *Bauer*, Quesnay's *Tableau Économique*, in: The Economic Journal, Vol. V (1895), S. 20f. Aus den beiden Briefen Quesnays, die Bauer im Nachlaß Mirabeaus gefunden hat, stammen auch die meinem Beitrag als Motto vorangestellten Sätze.

XVI

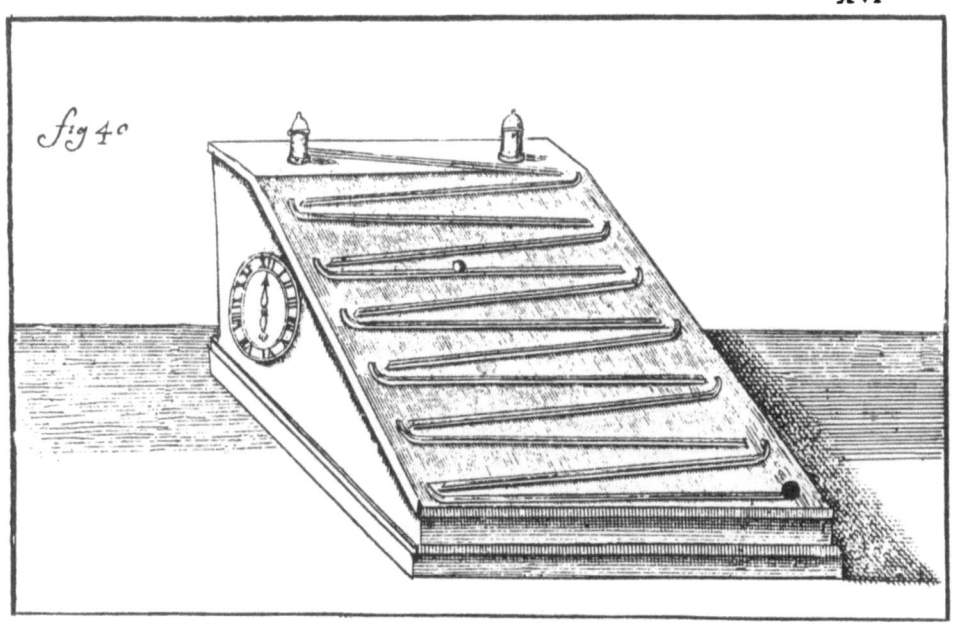

Abbildung 6

bleibt verborgen. Zumindest von einem Zeitgenossen und Landsmann Mirabeaus ist überliefert, daß er solche Empfindungen hatte: Der Benediktiner Dom Jacques Allexandre, Autor eines berühmten Uhren-Traktats aus dem Jahre 1734, bemerkt zu den Uhren aus dem Kabinett des Grollier de Serviere: „Von allen diesen verschiedenen Uhren des Herrn *de Serviere* siehet man nichts, als die äusserliche Abbildung, welche seltsam und wunderbar ist. Alldieweilen aber derjenige, der dieses berühmte Cabinet beschrieben, die Trieb-Wercke dieser Machinen nicht bekannt machen wollen, so bleibet man bloß in der Verwunderung, ohne aus den schönen und scharff = sinnigen Erfindungen des Herrn *de Serviere* einigen Nutzen zu ziehen."[67]

(2) In den Randerläuterungen seiner *Tableaux* benutzt Quesnay manchmal das Wort „colonne" (vgl. Abb. 1) oder „colomne" (*Schriften I*, nach S. 336, 2. *Tableau*-Ausgabe) und bezeichnet damit einen der Sektoren, der durch das Zickzack der „Distribution" und den „Rückfluß der Revenuen" Einkommen bezieht. Kuczynski übersetzt den Begriff mit „Säule" (*Schriften I*, S. 348 u. 362). Quesnays Wortwahl könnte dann einen tieferen Sinn

---

[67] *Alexander*, op. cit. (in Fn. 88), S. 373 bzw. (im Original) S. 349.

gehabt haben: Gerade Kugellauf-Uhren wurden oft architektonisch gestaltet, wobei Säulen ein beliebtes Bauelement waren[68] — als besonders dekorative Kulisse für den Kugellauf, aber auch zum ‚Verstecken‘ der Uhrentechnik.

(3) Die meisten Indizien liefert jedoch der metaphorische Wortschatz der Physiokraten. Er enthält nicht nur das allgemeine mechanistische Vokabular der Zeit, sondern auch viele Begriffe der *Uhrenmechanik*. Und dies rührt im Falle des Mediziners Quesnay nicht einfach daher, daß die Uhr in der ärztlichen Praxis ein wichtiges Hilfsmittel war — etwa beim Aderlaß und Pulsmessen. Quesnay und seine Schüler lebten in einer Zeit, in der die Uhr eine außerordentliche Rolle spielte. Sie galt als Maschine, Kunstwerk und Symbol in einem. Natur-, Ingenieur- und Geisteswissenschaften beschäftigten sich gleichermaßen mit ihr. Bislang ist kaum untersucht worden, inwieweit dadurch das physiokratische Denken beeinflußt worden ist. Ich will mich daher im folgenden Abschnitt mit dieser Frage genauer befassen.

III. Uhrenmechanik und Uhrenmetaphorik in der physiokratischen Kreislauflehre

1. Die ‚Uhren-Welt‘ des 18. Jahrhunderts

Schon Quesnays Lebensumstände am Hof von Versailles verraten viel von dieser ‚Uhren-Welt‘. Er war 1749 Leibarzt der Marquise de Pompadour geworden, der offiziellen Mätresse des Königs, und lebte in ihrem Haushalt im Nordflügel des Schlosses. Ganz in der Nähe seiner Räume befand sich auch das Kabinett mit der königlichen Uhrensammlung[69]. König Ludwig XV., selbst Drucker und Elfenbeinschnitzer, schätzte und förderte das Kunsthandwerk; und Madame de Pompadour hatte noch viel mehr für diese schönen Dinge des Lebens übrig[70]. Versailles war zu dieser Zeit ein Zentrum der Handwerkskünste und der Wissenschaft, die Uhrmacherei profitierte von beiden. Ferner war die Uhr am Hofe ein wichtiges Requisit des täglichen Lebens, denn der zeremonielle Tageslauf war minutiös geregelt[71].

---

[68] Vgl. die in den Abb. 3 und 5 wiedergegebenen Grollier-Uhren. Weitere ‚Säulen-Uhren‘ in: *Grollier de Serviere*, op. cit. (in Fn. 56), Fig. 44, 45 und 48; und in: *Bertele/Neumann*, op. cit. (in Fn. 50), S. 78, S. 84f. und S. 87.

[69] Vgl. Paul *Barz*, Die Menschen von Versailles. Biographie eines Schlosses, o.O. 1973, nach S. 404.

[70] Vgl. *ebd.*, S. 333ff.; Nancy *Mitford*, Madame de Pompadour. Geliebte des Königs, München 1982, S. 74ff.

[71] Vgl. Klaus *Maurice*, Die französische Pendule des 18. Jahrhunderts. Ein Beitrag zu ihrer Ikonologie, Berlin 1967, Kap. II: „Die Monumentalisierung der Zeit" (S. 15ff.). Siehe auch: Die Memoiren des Herzogs von Saint-Simon, hrsg. von Sigrid *von Marsenbach*, Frankfurt/M., Berlin, Wien 1985, 3. Bd., S. 330ff.; 4. Bd., S. 36f.

Ich möchte hier jedoch eine andere Fährte verfolgen: Die *cartesianische Mechanik*[72], mit der Quesnay bestens vertraut war, ist zum einen eine *Zirkulationstheorie* und zum anderen eine *Maschinenlehre*. Bewegungen im Kosmos (etwa der Planetenumlauf) und solche auf der Erde (etwa der Blutfluß oder die Uhr) sind nach dieser Mechanik als *Kreisläufe* zu verstehen. Diese Erkenntnis wird aus ‚obersten Naturgesetzen' deduziert. Die Menge an Bewegung im Universum ist gottgegeben (Erstursache) und konstant, die Welt ist somit ein geschlossenes und stationäres System. Rauminhalt und Materie sind gleich, so daß es kein Vakuum geben kann. Druck oder Stoß sind die (Zweit-)Ursache jeder Bewegung (Nahwirkungsmechanik). Diese cartesianische Kreislauftheorie beanspruchte Allgemeingültigkeit. So war es ganz natürlich, sie auch auf ökonomische Vorgänge anzuwenden. Quesnays Werk bietet dafür den besten Beleg. Im Dialog *Über die Arbeiten der Handwerker* belehrt der Meister seinen imaginären Gesprächspartner unmißverständlich: „Sie müssen beachten, mein Freund, daß alles in der Natur verquickt ist, daß alles darin Kreise durchläuft, welche ineinander verwoben sind" (*Schriften II*, S. 235).

Andererseits erweist sich die cartesianische Lehre als eine ausgeprägte *Maschinen-* und damit *Uhrenmechanik*, wobei ‚Mechanik' bei Descartes ungleich mehr bedeutet, als heutzutage mit dem Begriff verbunden wird: „Mechanik war bei ihm die Gesamtheit des wissenschaftlich-theoretischen — empirisch-experimentellen — nützlich-technischen Wissens ... unter dem Primat einer rationalistisch-theoretischen Philosophie ..."[73] Da die „Gesetze der Mechanik ... auch die der Natur sind"[74], so Descartes ausdrücklich in seinem *Discours de la méthode* (1637), gelten sie universell: „Die gesamte lebende und tote Welt war ein aus Einzelteilen aufgebauter Mechanismus, zumindest vom Verstand wieder in Einzelteile zerlegbar"[75]. Dieses reduktionistische Modell, das sich viele Wissenschaften in der Folgezeit zum Vorbild nahmen, schien wie geschaffen, um die Wechselwirkungen zwischen den einzelnen Teilen des Mechanismus genauestens studieren zu können. Auch ein komplizierter *Organismus* wie der menschliche oder tierische Körper ist danach nichts anderes als ein mehrteiliger Mechanismus, also eine *Maschine* — „mit einem allerdings bewunderungswürdigen Steuerungssystem, ein des vollkommensten Künstlers würdiger Automat"[76]. Für Organismen sind demnach die gleichen mechanistischen Bewegungsgesetze der Natur gültig wie für einfache Maschinen. Diese strengen Regeln determinieren eindeutig alle Funktionen, die zudem mit dem geringst-

---

[72] Siehe insbes. *Specht*, op. cit. (in Fn. 42), S. 102 ff.; Jürgen *Teichmann*, Wandel des Weltbildes. Astronomie, Physik und Meßtechnik in der Kulturgeschichte, 2. Aufl., Darmstadt 1983, S. 96 f., bes. Abb. 107 und 108; Der Weg der Physik. 2500 Jahre physikalischen Denkens. Texte von Anaximander bis Pauli, ausgewählt und eingeleitet von Shmuel *Sambursky*, Zürich und München 1975, S. 331 ff.

[73] *Teichmann*, op. cit. (in Fn. 72), S. 214.

[74] René *Descartes*, Philosophische Abhandlungen, Berlin und Wien 1924, S. 65.

[75] *Teichmann*, op. cit. (in Fn. 72), S. 220.

[76] *Specht*, op. cit. (in Fn. 42), S. 106.

möglichen Aufwand und der größtmöglichen Wirkung ablaufen. Auch diesen Rationalitätskalkül übernahm Quesnay von seinen Lehrmeistern Descartes und Malebranche in seine Wirtschaftslehre[77].

Bei der mechanistischen Deutung des *lebenden Organismus* halfen anschauliche Metaphern. Sie bezogen sich auf *Maschinen*, die den Menschen vertraut waren:[78]

— Die *Orgel:* Die ‚Lebensgeister' würden so durch das Nervensystem des Körpers gepumpt, wie die Luft über ein Schlauchsystem durch die Orgelpfeifen geblasen wird.
— Die (Wasser-)*Mühle:* „Außerdem entsprechen die Atmung und die anderen regelmäßigen, unwillkürlichen und vom Lauf der Geister abhängenden Bewegungen denjenigen einer Uhr oder Mühle, die von der regelmäßigen Bewegung des Wassers in Gang gehalten werden können ..." (Descartes).
— Die *hydraulische Gartenkunst* mit all ihren effektvollen Wasserspielen: „Und in der Tat lassen sich die Nerven der Maschine, die ich Ihnen beschreibe, sehr gut mit Rohren dieser Fontänenmaschinen vergleichen; ihre Muskeln und Sehnen mit den verschiedenen Apparaturen und Triebwerken, die ihrer Bewegung dienen; ihre Animalgeister mit dem Wasser, das sie bewegt und dessen Quelle das Herz ist und dessen Verteiler die Gehirnhöhlen sind" (Descartes).
— Vor allem aber die *Uhr:* Für Descartes ergeben sich körperliche Bewegungsvorgänge, etwa die Atmung oder die Blutzirkulation, „wie die Bewegung eines Uhrwerkes aus der Kraft, Lage und Gestalt seiner Gewichte und Räder"[79]. Mehr noch: „Eine Uhr aus Rädern und Gewichten befolgt ... genau alle Naturgesetze ...: So betrachte ich auch den menschlichen Körper als eine Art Apparat, der aus Knochen, Muskeln, Nerven, Adern, Blut und Haut so zusammengesetzt ist, daß er, auch wenn keine Seele in ihm wäre, doch alle die Bewegungen vollzöge, die in ihm nicht von einem befehlenden Willen und deshalb nicht von dem Geist ausgehen."[80] Auch Descartes' Schüler, der von Quesnay und Mirabeau so verehrte Pater Malebranche, „was notably fond of the image of the watch", und sein philosophisches Hauptwerk „makes use of this image in a variety of ways"[80a].

Um die Bedeutung der Uhren-Metaphorik für Quesnays Denken abschätzen zu können, muß man sich vergegenwärtigen, wie dominant der Einfluß der mechanischen Uhr auf das Weltbild der Neuzeit war. Lewis Mumford behauptete sogar: „The clock, not the steamengine, is the key-machine of the

---

[77] Vgl. *Rieter*, op. cit. (in Fn. 8), S. 70 ff.

[78] Vgl. *Specht*, op. cit. (in Fn. 42), S. 110 ff. (dort auch die beiden folgenden Descartes-Zitate).

[79] *Descartes*, op. cit. (in Fn. 74), S. 61.

[80] *Ebd.*, S. 173. Siehe auch *Specht*, op. cit. (in Fn. 42), S. 126.

[80a] *Mayr*, op. cit. (in Fn. 37), S. 68.

modern industrial age."[81] Und der Technikhistoriker Otto Mayr scheint dies zu unterstreichen, wenn er schreibt: „Die Räderuhr übte geistige Wirkungen aus wie nie eine mechanische Erfindung zuvor."[82] Ursachen wie Wirkungen dieser auffälligen Erscheinung seien kurz illustriert:

(1) Noch im 18. Jahrhundert galten die Räderuhr und das kopernikanische Sonnensystem als die exaktesten Mechanismen. Miteinander verbunden erschienen sie in beweglichen *Sphären* und *Planetarien*, die — angetrieben durch ein Uhrwerk — den Lauf der Gestirne simulierten[83]. Diese mechanischen Weltmodelle gehörten neben den bereits erwähnten *Automaten* (vgl. Fn. 52) zu den besten und am meisten bewunderten feinmechanischen Arbeiten jener Zeit. „Sie waren Ausdruck des philosophischen Mechanizismus sowie der Spielbegeisterung des Barock und Rokoko."[84]

(2) Die besondere kulturgeschichtliche Bedeutung der Uhr war im 18. Jahrhundert auch an der gesellschaftlichen und wissenschaftlichen Stellung der *Uhrmacherei* erkennbar. Die Uhrmacher zählten zu den angesehensten Kunsthandwerkern, ihre Zünfte waren in Frankreich bedeutsame Standesvertretungen[85]. Darüber hinaus war die Kunst der Uhrenfertigung mehr als nur ein Handwerk, sie galt als *technische Wissenschaft*, die mit der neuen Königin der Wissenschaften, der Mechanik, verschwistert war. Dies wird besonders deutlich in den einschlägigen Artikeln der von Diderot und d'Alembert herausgegebenen *Enzyklopädie*, an der bekanntlich Quesnay mitgearbeitet hat (*Schriften I*, Teil I). So lauten die lexikalischen Verweiswörter zu den Beiträgen *Horloger* und *Horlogerie*[86] bezeichnenderweise „Art méchan., Méchanique, Physique, Science du mouvement ..." Und was ein Uhrmacher zu jener Zeit alles können mußte, spricht ebenfalls für sich: „... la différence qu'on doit faire d'un *horloger* qui n'est communément qu'un ouvrier, avec un *horloger* méchaniste qui est un artiste, lequel doit joindre au génie des machines, donné par la nature, l'étude de la

---

[81] Lewis *Mumford*, Technics and Civilization, New York 1934, S. 14; siehe auch Silvio A. *Bedini*, Die mechanische Uhr und die wissenschaftliche Revolution, in: Die Welt als Uhr, op. cit. (in Fn. 44), S. 21-29.

[82] Otto *Mayr*, Automatenlegenden in der Spätrenaissance, in: Technikgeschichte, Bd. 41 (1974), S. 20-32, hier S. 29.

[83] Vgl. u. a. *Teichmann*, op. cit. (in Fn. 72), S. 225ff.; *Maurice*, Von Uhren, op. cit. (in Fn. 45), S. 59ff.; Klaus *Maurice*, Jean Pigeon — wer kennt ihn noch?, in: Schöndruck. Wiederdruck. Schriften-Fest für Michael Meier zum 20. Dezember 1985, Berlin 1985, S. 46-53.

[84] *Teichmann*, op. cit. (in Fn. 72), S. 225.

[85] *Ebd.*, S. 221.

[86] Art. *Horloger* in: Encyclopédie, ou dictionnaire raisonné des sciences, des arts et des métiers, par une société de gens de lettres. Mis en ordre et publié par Mr. *** [*Diderot*], Tome huitième, Neufchastel 1765, S. 302-303; bzw. Compact Edition, Vol. II, New York u. Paris o. J. (1969), S. 356. Art. *Horlogerie*, ebd., S. 303-310 bzw. S. 356-358. Den Hinweis auf diese Artikel verdanke ich meinem Hamburger Kollegen Christian Scheer.

Géométrie, du calcul, des méchaniques, la Physique, l'art de faire des
expériences, quelques teintures d'Astronomie, & enfin la main-d' oeuvre."[87]
Aus dem biederen Uhrenhandwerker war ein naturwissenschaftlich versier-
ter Uhrentechniker geworden. Sein Erfindungsgeist bestimmte dann auch
die Entwicklung der Mechanik bis weit in die zweite Hälfte des
18. Jahrhunderts hinein. So gesehen lebte Quesnay in einem Zeitalter der
Uhrenmechanik. Genau in den Jahrzehnten, in denen Quesnay zunächst
medizinische und hernach philosophische und ökonomische Schriften
verfaßte, also zwischen 1730 und 1770, erschienen in Frankreich grundlegende Traktate zur ‚Uhrenwissenschaft‘[88]. Quesnay dürfte sie gekannt
haben, da sein Interesse an technisch-naturwissenschaftlicher Literatur groß
war (*Schriften I*, S. 494). Die zitierten Werke vermittelten ihm den komplet-
ten Stand des damaligen Wissens auf horologischem Gebiet und demon-
strierten ihm die Nutzanwendungen uhrentechnischer Neuerungen in
anderen Wissenschaften[89]. Auch die Königliche Akademie der Wissenschaften unterstützte die ‚Uhrenforschung‘ und sorgte durch zahlreiche
Publikationen für eine schnelle Verbreitung des technischen Fortschritts
auch auf diesem Gebiet[90].

(3) Einzigartig ist wahrscheinlich die überragende geistesgeschichtliche Bedeutung der Uhr als Symbol, Analogon oder Metapher. *Uhrengleichnisse* sind
vermutlich so alt wie die Uhr selbst: Die Uhr als allgemeines Abbild des
Weltenlaufs, der göttlichen Allmacht und der Vergänglichkeit des menschli-

---

[87] Art. *Horloger*, op. cit. (in Fn. 86), S. 302, Sp. 1 Ebenso deutlich im Art. *Horlogerie*,
op. cit. (in Fn. 86), S. 305, Sp. 1: „Jusques à Huyghens l'*Horlogerie* pouvoit être
considérée comme un art méchanique qui n'exigeoit que de la main d'oeuvre; mais
l'application qu'il fit de la Géométrie & de la Méchanique pour ses découvertes, ont fait de
cet art une science où la main-d'oeuvre n'est plus que l'accessoire, & dont la partie
principale est la théorie du mouvement des corps qui comprend ce que la Géométrie, le
calcul, la Méchanique & la Physique ont de plus sublime."

[88] Henry *Sully*, Regle artificielle du Temps, ou Traité de la division naturelle &
artificielle du Temps: Des Horloges & des Montres de differentes construction: De la
maniere de les connoître & de les regler, Paris 1717, erweiterte Aufl. 1737; Jacques
Allexandre, Traité général des horloges, Paris 1734, deutsche Übersetzung: Jacob
Alexander, Ausführliche Abhandlung von den Uhren überhaupt. Aus dem Frantzösischen
in das Teutsche übersetzet von Christian Philipp *Berger*, Lemgo 1738; Antoine *Thiout*,
Traité de l'horlogerie méchanique et pratique approuvé par l'Académie royale des
sciences, Paris 1741; Jean André *Lepaute*, Traité d'horlogerie, contenant tout ce qui est
nécessaire pour bien connoître et pour régler les pendules et les montres, Paris 1767. Siehe
auch *Maurice*, Räderuhr, op. cit. (in Fn. 45), 1. Bd., S. 197.

[89] „Man betrachte nur den Zustand der heutigen Astronomie, Geographie, Hydrosta-
tick, Hydraulick und die Physick überhaupt, und vergleiche solchen mit dem vorhergehen-
den, so wird man finden, daß wir sehr viele der wichtigsten Entdeckungen der Erfindung
der Perpendickel = Uhren zu dancken haben", schreibt z. B. *Allexandres* deutscher
Übersetzer *Berger* in seiner „Vorrede", op. cit. (in Fn. 88), S. XVI.

[90] Siehe *Maurice*, Räderuhr, op. cit. (in Fn. 45), 1. Bd., S. 194ff.; Ulrich *Troitzsch*,
Ansätze technologischen Denkens bei den Kameralisten des 17. und 18. Jahrhunderts,
Berlin 1966, S. 119.

chen Lebens, als Tugendsymbol für Sorgfalt, Mäßigung und Selbstbeherr-
schung und — mit der Verbreitung der mechanischen Räderuhr seit 1300 —
zunehmend als *das* „Symbol für Ordnung, Autorität und Determinismus"[91].
Genaugenommen war nun nicht mehr die Uhr an sich das Analogon,
sondern ihr *Mechanismus.* „Die Metaphorik geht also stets vom Funktionieren des einmal eingerichteten und nun nach Plan ablaufenden Werks aus, nie
von dem durch die Uhr anschaulich gemachten Ablauf der Zeit."[92] Viel ist
darüber geschrieben worden, inwieweit Theologen, Philosophen und Natur-
forscher (u. a. Oresmius, Cusanus, Kepler, Hobbes, Descartes, Leibniz,
Lamettrie) diese uhrenmechanistische Vorstellung auf „die Welt, den
Körper und den Staat" übertragen haben[93]. In dieser Reihe großer
Uhrenmetaphoriker darf nach meiner Auffassung der Ökonom François
Quesnay nicht fehlen, weil er den Organismus ‚Volkswirtschaft' offensichtlich auch in Analogie zum mechanischen Uhrwerk betrachtet hat.

2. Die ‚Uhren-Welt' der Physiokraten

Quesnay und seine Schüler benutzten gern das Vokabular des cartesianischen
Mechanizismus, ihre Uhrenmetaphorik ist reichhaltig. Daß dies bislang übersehen wurde, ist verständlich. Viele Begriffe sind nicht mehr ohne weiteres als
Termini technici zu erkennen, weil inzwischen entweder ihre alltagssprachliche
Bedeutung überwiegt (z. B. ‚Bewegung') oder ihr fachsprachlicher Bezug
verblaßt ist (z. B. ‚treibende Kraft'). Ein Vergleich der physiokratischen
Schriften mit der technischen Literatur des 18. Jahrhunderts offenbart jedoch
charakteristische Übereinstimmungen in Sprache und Denkweise. Ich will
versuchen, dies anhand einiger Beispiele zu belegen.

(1) Die Mechanik spielte auch noch um die Mitte des 18. Jahrhunderts eine
    überragende Rolle bei der Erklärung des Naturgeschehens[94]. Die *Bewegung*
    (*mouvement*) der Körper war ein zentrales physikalisches Thema, und die
    Uhrentechnik war ein wichtiger Anwendungsfall dieser Bewegungsphysik:
    „L'*Horlogerie* étant la science du mouvement, cet art exige que ceux qui le
    professent connoissent les lois du mouvement du corps ...", definierte der
    Enzyklopädist[95], denn die Uhr sei nichts anderes als „une machine ...

---

[91] Otto *Mayr*, Die Uhr als Symbol für Ordnung, Autorität und Determinismus, in: Die
Welt als Uhr, op. cit. (in Fn. 44), S. 1-9.

[92] *Maurice*, Räderuhr, op. cit. (in Fn. 45), 1. Bd., S. IX.

[93] *Mayr*, op. cit. (in Fn. 91), S. 2 und passim; *Maurice*, Räderuhr, op. cit. (in Fn. 45),
1. Bd., Kap. I, A.

[94] Vgl. A. *Saverien*, Dictionnaire universel de mathematique et de physique, 2 Bde.,
Paris 1753. Im 1. Bd. ist sehr aufschlußreich der „Plan de cet ouvrage", insbes. S. XII ff.,
im 2. Bd. der Artikel *Mouvement*, S. 185 ff., der mit folgender Definition beginnt:
„Changement de lieu qui est continuel ou successif, ou autrement, c'est le passage d'un
corps d'un lieu où il étoit à un autre. Il y a sept sortes de *Mouvemens* ..." Siehe auch die Art.
Machine und *Mechanique*, ebd., S. 100 ff. bzw. S. 135 ff.

[95] Art. *Horlogerie*, op. cit. (in Fn. 86), S. 305, Sp. 2.

6*

d'après les lois du mouvement ..."[96] So wurden nach Sully (1717, vgl.
Fn. 88) „drey Arten der bewegenden Kräfte in den Uhren" unterschieden:
„Die erste bewegende Kraft ist das Gewicht oder die Feder, welche die
Ursache der Bewegung ist. Die andere ist die fortsetzende Krafft; diese sind
die Räder und Getriebe, so die Bewegung fortsetzen. Die dritte ist die
gleich = erhaltende Krafft, welche der Perpendikel, als welcher die Bewegung in den Uhren ordentlich und gleichförmig machte. In den
Taschen = Uhren ist es die kleine Spiral = Feder, welche der Unruhe die
gleichförmige Bewegung giebet."[97] Im Französischen hat jedoch der Begriff
‚mouvement' — ohne jeden Zusatz! — noch eine engere uhrentechnische
Bedeutung. Er bezeichnet das *(Uhr-) Werk*[98]. Dies war schon der Sprachgebrauch zu Quesnays Zeiten[99]. Als Fachausdruck kann sich somit ‚Bewegung' auf drei unterschiedliche Sachverhalte beziehen: auf ‚Körper' im
allgemeinen, auf den Körper ‚Uhr' im besonderen und auf das Werk der
Uhr. Dies muß man beim Studium physiokratischer Texte beachten, in
denen sehr häufig das Wort ‚mouvement' allein oder verbunden mit anderen
mechanistischen Vokabeln (z. B. ‚circulation' und ‚machine') vorkommt.
Manchmal ist sogar durch Kursivdruck verdeutlicht, daß der Begriff nicht in
seiner umgangssprachlichen, sondern in seiner naturwissenschaftlich-tech-
nischen Bedeutung gebraucht wird. Ein paar Hinweise müssen hier genügen:

Unmittelbar im Anschluß an jene bereits zitierte Passage, in der Quesnay den
Kreislaufgedanken als allgemeines Prinzip anerkennt, heißt es:

> „Angesichts der notwendigen Verbindungen dieser verschiedenen *Bewegungen*
> zueinander kann man die einzelnen Dinge nur mit Hilfe abstrakter Ideen verfolgen,
> identifizieren und beobachten, durch welche die physische Realität [im Original: le
> physique] weder zurechtgerückt noch aus der Ordnung gebracht ... wird"
> (*Schriften II*, S. 235, bzw. *Oeuvres*, S. 528).

Wie sich Kreislaufidee und Bewegungsansatz im physiokratischen Modell
ergänzen, bezeugt ebenso der folgende Satz aus einem Werk Mirabeaus:

> „Ainsi commence le *cercle* de dépenses & d'échanges, qu'on appelle *circulation*, qui
> donne le *mouvement* à la société, qui ordonne le travail à tous les individus, & qui
> leur départit la subsistance en échange de ce travail" (*Elémens*, S. 330).

---

[96] *Ebd.*, S. 306, Sp. 1.

[97] *Alexander*, op. cit. (in Fn. 88), S. 357f.

[98] Vgl. z. B. Edward *Heaton*, Terminologie horlogère, Française et Allemande.
Deutsche und französische Terminologie für Uhrmacher, Biel 1921, S. 18.

[99] So definiert *Saverien*, op. cit. (in Fn. 94), S. 191, Sp. 1: „*Mouvement*. Terme
d'Horlogerie. Assemblage de toutes les parties d'une montre, d'une horloge, ou de toute
autre machine en *Mouvement*, qui repond au but de la construction d'un automate." Und
bei *Alexander*, op. cit. (in Fn. 88), S. 102, heißt es in der zeitgenössischen deutschen
Übersetzung: „*Mouvement*, Bewegung, nennet man das innere Theil der Uhr, welches
machet, daß der Weiser des Ziffer-Blattes sich herum drehet."

Da diese Zirkulationsbewegungen dem *Tableau économique* zugrundeliegen, nennt es Mirabeau in der *Philosophie rurale*, die teilweise Quesnays Handschrift verrät[100], auch „le *tableau mouvant* de l'organisation économique"[101]. Im Vorwort beruft sich Mirabeau ausgiebig auf Malebranche und ist weitschweifig bemüht, seine Leser für die physiokratischen Vorstellungen zu gewinnen, wobei er das ‚ökonomische Tableau der natürlichen Ordnung' vor dem Hintergrund eines mechanistischen Weltverständnisses u. a. mit diesen Worten erläutert:

> „... il connoît la *matiere*, ... le voilà donc assujetti à la réalité, à la vérité, à la raison, à la sincérité. Un grain de bled jetté dans le sein de la terre, & toujours renaissant & se multipliant au même période, le force à reconnoître & à avouer le *mouvement*, ... le mouvement réglé, multiplié, périodique & fructueux, ... Je lui montre son bonheur physique dans les regles constantes du mouvement imprimé à la matiere. Non-seulement je lui accorde qu'il en est une portion, mais je lui prouve qu'embrassé lui-même dans le cercle de cette grande loi, il ne peut se refuser à faire sa partie dans le concert universel ... Je lui guide ainsi pas à pas de vérités palpables en vérités conséquentes & usuelles, & de faits visibles en fait répétés, mesurés & calculés" (*Philosophie I*, S. XXXV ff., Hervorhebungen im Original!).

Einen Uhrensinn ergibt der Gebrauch des Wortes ‚Bewegung' vor allem dann, wenn der ökonomische Reproduktionsmechanismus veranschaulicht werden soll. Zum Beispiel:

> „C'est dans l'emploi & la régénération, c'est-à-dire, dans la consommation & la reproduction, que consiste le mouvement qui condense la Société, & qui perpétue sa durée. C'est par-là que les dépenses donnent la vie à la production, & que la production répare les dépenses" (*Philosophie I*, S. 101).

Wie zu sehen sein wird, tritt das Uhren-Sinnbild noch klarer hervor, sobald der Begriff ‚Bewegung' auf die Uhr als Maschine, auf ihr Werk und dessen Teile oder auf ihre Funktionen bezogen ist.

(2) Ebenso gern wie den Begriff ‚Bewegung' benutzen die Physiokraten den der ‚*Maschine*' im ökonomischen Kontext. Sie stellen sich dann den komplexen volkswirtschaftlichen Organismus als ‚zusammengesetzte Maschine'[102] vor. In diesem Sinne ist oft die Rede von der „machine économique" (*Philosophie I*, z. B. S. 74 u. 92) oder — auf die Regenerierung des Reinertrages anspielend — von der „machine régénératrice" (*ebd.*, S. 332) oder im

---

[100] Vgl. Marguerite *Kuczynski*, Einleitung des Herausgebers, in: *Schriften I*, S. XIV f.

[101] *Philosophie I*, S. 76. *Traité des forces mouvantes* lautete übrigens der Titel eines bekannten Mechanik-Buches aus dem Jahre 1722 von *de Camus*. Vgl. dazu *Allexandre*, op. cit. (in Fn. 88), S. 354 ff.

[102] In der Technikkunde unterschied man damals zwischen „machines simples" (Waage, Hebel, Rolle, Rad, Keil, Schraube, schiefe Ebene) und „machines composées", die aus ‚einfachen Maschinen' zusammengesetzt sind. Vgl. *Saverien*, Art. *Machine*, op. cit. (in Fn. 94), S. 100, Sp. 1.

fiskalischen Zusammenhang von „la machine de la finance" (*Théorie*, S. 206 u. 301). Mit der Maschinen-Analogie werden u. a. folgende Aspekte der wirtschaftlichen Reproduktionsmechanik bildlich umschrieben:

> „Mais un autre objet à considérer dans notre *zizac* sont les avances nécessaires pour *le mouvement de la machine* qui est tenue en action par les hommes, et le raport [sic!] de ces avances avec le revenu ..."[103]

> „La classe productive, considérée maintenant comme un nouveau centre, suit la même rotation que la grande machine" (*Philosophie I*, S. 104f.).

> „Les productions ne sont elles mêmes une richesse, que parce que la demande leur donne une valeur, & la demande n'est qu'une suite de dépenses. Ce sont les dépenses qui donnent *le branle à toute la machine économique*" (*Elémens*, S. 326).

> „Les rapports des Dépenses avec la Population, démontrent qu'il faut faire sur les hommes la même spéculation que sur toute *la machine économique*; que c'est par leur dépense & leur travail, que les hommes peuvent influer sur la prospérité en excitant la reproduction" (*Elémens*, S. 334f.).

> „... c'est-à-dire, que tout Citoyen utile par les différents travaux, par les différents emplois qu'il exerce, coopere à la réproduction du revenu de la Nation du Souverain, dans un Etat où le ministere des finances n'intervertit pas *les mouvements de la machine économique*" (*Théorie*, S. 114).

Wie bewußt diese Metaphern eingesetzt werden und welches rhetorische Gewicht sie haben, ist am besten vielleicht daran zu ermessen, daß es wiederum ein mechanistisches — durch Kursivdruck zudem hervorgehobenes — Sprachbild ist, mit dem Quesnay und Mirabeau ihren Lesern das Herzstück physiokratischer Kreislauflehre nahebringen wollen: Die berühmten 24 *Maximes générales du gouvernement économique d'un Royaume agricole*, mit denen Quesnay sein ‚Zickzack-Tableau' wirtschaftstheoretisch zu untermauern suchte. Sie seien die Regeln für das „... libre *jeu de la machine de prospérité* ..." (*Philosophie II*, S. 340).

(3) Darüber hinaus finden sich im physiokratischen Schrifttum sogar etliche Analogien zu speziellen Bauteilen und Mechanismen der Uhr:

— „*Force motrice*" ist die technische Bezeichnung für das ‚Triebwerk', die ‚treibende Kraft', kurz: den *Antrieb* einer Maschine, der bei der mechanischen Uhr meist durch Gewichte oder Federn erfolgt und der Uhr — wie man sich damals ausdrückte — ‚die Bewegung gibt'[104]. Die Physiokraten wählen u. a. dieses technische Bild, wenn sie zeigen wollen, daß es die Vorschüsse („avances") in der Landwirtschaft sind, welche die Wirtschaftsmaschine letztlich ‚antreiben':

---

[103] *Quesnay* im sog. zweiten Brief an Mirabeau, in: *Bauer*, op. cit. (in Fn. 66), S. 21 (Hervorhebung durch mich).

[104] Erstes Element einer ‚zusammengesetzten Maschine' ist nach *Saverien*, Art. *Machine*, op. cit. (in Fn. 94), S. 100, Sp. 1: „La puissance ou la force motrice qui meut la *Machine*." Zum „force motrice" der Uhr siehe z. B. Art. *Horlogerie*, op. cit. (in Fn. 86).

„En effet, il est convenau que l'activité est tout ce qui fait aller *la machine économique*. ... Les bestiaux de travail ont en eux, indépendamment de la direction que leur donne la main qui les emploie, une *force motrice* qui les fait aller & qui décuple notre impulsion" (*Philosophie I*, S. 92 f.).

Aus den folgenden Zitaten geht hervor, daß sie vornehmlich im Zug der *Uhrfedern* („*les ressorts*") das Vor-Bild für die ‚ökonomischen Triebkräfte' erblicken:

„Le gouvernement qui fait *mouvoir les ressorts* de la société, ... peut trouver les expédients ... pour les faire retourner d'eux-mêmes à l'agriculture ..." (*Oeuvres*, S. 186).

„... il s'agit à présent de considérer *les premiers ressorts de la machine*, les avances annuelles: leur quotité est marquée dans le tableau à la tête de chacune des classes actives, dans la proportion qu'elles devoient avoir avec les produits" (*Philosophie I*, S. 69 f.).

„*Le mouvement perpétuel de cette grande machine* de consommation & de reproduction, de cette *machine*, dis-je, animée & dirigée par ses propres *ressorts*, ..." (*Elémens*, S. 211).

„... il n'y a point d'homme qui ne sache que les richesses sont *le grand ressort* de l'agriculture et qu'il en faut beaucoup pour bien cultiver" (*Oeuvres*, S. 170).

Mit „le grand ressort" dürfte sogar eine bestimmte Uhrfeder gemeint sein, nämlich die sog. *Aufzugfeder*. In Alexandres Glossar der „bey den Uhrmachern gebräuchlichen Kunst = Wörter"[105] heißt es nämlich: „... die grosse Feder [im Original: „*Le grand ressort*"] ist ein gehärtetes, in verschiedenen Spiral = Gängen in einander gewickeltes stählernes Blech, so in einer Trommel eingeschlossen, und den Machinen die Bewegung giebet."[106]

— Ein ganz spezifischer Uhrenbegriff, ‚le balancier', wurde von den Physiokraten ebenfalls adaptiert. Was darunter zu ihrer Zeit verstanden wurde, dokumentiert wiederum am besten Allexandres uhrentechnisches Glossar: „*Balancier*, Balanz, ist an alten Uhren eine Spindel. Nach der Erfindung der Pendul = Uhren, hat man diese abgeschaffet, und an deren Statt den Perpendickel eingeführet ... *Balancier* an Taschen = Uhren, die Unruhe, ist ein Cirkel, der sich mit einer, an seinem Mittel = Punct befestigten, Spindel beweget: Diese Spindel hat zweene Spindel = Lappen, auf welche die Zähne des Steig = Rades stossen, wodurch die Gleichförmigkeit der Bewegung erhalten wird."[107] Das Wort ‚balancier' bezeichnet hier zwei technische Lösungen zur sog. Uhrenhemmung: Waag und Unruh. Durch sie wird der Zeitfluß

---

[105] *Alexander*, op. cit. (in Fn. 88), S. 97 ff.

[106] *Ebd.*, S. 104 (im Original S. 94).

[107] *Ebd.*, S. 98 (im Original S. 89).

gewissermaßen in gleiche Teile ‚zerhackt‘ und damit meßbar gemacht.
Die Ganggenauigkeit der mechanischen Uhr oder — wie man damals zu
sagen pflegte — die regelmäßige „Bewegung der Uhr" („mouvement
d'horloge") hängt wesentlich von ihrem Hemmungsmechanismus ab,
hier von der „Bewegung ihrer Unruhe" (*„le mouvement de son
balancier"*)[108]. Und genau dieser Redewendung geben die Physiokraten
einen ökonomischen Sinn:

> „... *mouvement régulier du balancier économique* ..." (*Elémens*, S. 204).

> „Mais ce n'est qu'au revenu, & par le revenu, obtenu par le travail des hommes,
> que commence, dans l'état complet des Sociétés, *le battement due balancier
> économique"* (*Philosophie I*, S. 102).

Sie wollen mit diesem jedermann vertrauten Bild vom gleichförmigen
Bewegungstakt der Unruh ihr Gebot verständlich machen, daß auch die
‚ökonomische Zirkulation‘ regelmäßig und genau wie ein Uhrwerk
laufen müsse, um den größtmöglichen wirtschaftlichen Wohlstand zu
erreichen und zu erhalten.

— Die Uhrhemmung fungiert als *Gangregler*, als „puissance Reglante, ...
qui regle le mouvement dans les Horloges ..."[109] Diesem wichtigen
Mechanismus hat die Uhrenliteratur schon früh große Aufmerksamkeit
geschenkt: „*Regle* artificielle du Temps ... Des Horloges & des Montres
de differente constructions: De la maniere de les connoitre & de les
regler", lautet der Titel des vielleicht einflußreichsten Uhren-Traktats in
der ersten Hälfte des 18. Jahrhunderts, einer technischen Abhandlung
des Uhrmachers Henry Sully (vgl. Fn. 88). Als technisch beste Lösung
erwies sich mehr und mehr das Pendel, das jedoch nur in größere Uhren
eingebaut werden konnte, während die Unruh insbesondere in Taschen-
Uhren zum Einsatz kam. Doch auch der Kugellauf war — wie oben
beschrieben — zeitweise als Gangregler in Gebrauch: „Horloges dont les
mouvemens sont *réglés* par la chûte d'une ou de plusieurs bâles de
cuivre", heißt es im Sachregister des Serviere-Buches über die abgebilde-
ten Kugellauf-Uhren[110]. Da die Gangregulierung für das Funktionieren
der mechanischen Uhr unerläßlich ist und die Uhr überhaupt ein streng
‚geregeltes System‘ darstellt, war die Maschine ‚Uhr‘ in idealer Weise
geeignet, einer mechanistisch verstandenen Welt Modell zu stehen:
Einmal aufgezogen, läuft sie stehts nach den gleichen festen Regeln ab[111].
Ähnliche Vorstellungen hatten die Physiokraten von den ‚physischen‘
und ‚moralischen‘ Gesetzen, die Gott den Menschen gegeben hat und die
ihr Verhalten determinieren. Die Terminologie der mechanischen Rege-

---

[108] *Ebd.*, S. 371 (im Original S. 347).
[109] *Ebd.*, S. 335.
[110] *Grollier de Serviere*, op. cit. (in Fn. 56).
[111] *Maurice*, Räderuhr, op. cit. (in Fn. 45), 1. Bd., S. IX.

lung entsprach diesem Denken. So lauten die Kernsätze in Quesnays Essay zum *Naturrecht*:

> „On entend ici par loi physique, *le cours réglé de tout événement physique de l'ordre naturel évidemment le plus avantageux au genre humain*. On entend ici par loi morale, *la règle de toute action humaine de l'ordre moral conforme à l'ordre physique évidemment le plus avantageux au genre humain*" (*Oeuvres*, S. 375, Hervorhebung im Original).

Und die Wortverbindung „le cours réglé" könnte sogar unmittelbar mit dem Prinzip des Kugellaufs zu tun haben, der ja im wahrsten Sinne des Wortes einen ‚geregelten Ablauf' darstellt.

(4) Um einen Eindruck vom Zusammenspiel der verschiedenen (uhren)mechanischen Sprachbilder zu vermitteln, zitiere ich nachfolgend zwei längere Passagen, welche die Physiokraten selbst für Schlüsseltexte hielten. Beide stammen aus dem 1. Band der *Philosophie rurale*. Ich beginne mit den ersten beiden Absätzen des Kap. IV („La Distribution des Dépenses"), in denen es um die dauerhaften „Loix physiques" des Reproduktionstableaus geht:

> „La vertu d'imprimer le *mouvement* est une faculté divine, & que l'Etre créateur s'est exclusivement réservé. L'homme imite tout presque jusqu'à la perfection; il ne lui manque que le prétendu vol de Prométhée: que le talent de faire mouvoir ses ouvrages pour accomplir les souhaits du Démon, pour égaler en puissance celui qui est par sa popre essence. L'acte du *mouvement* porte sur *deux balanciers* égaux en force & en actions, à savoir, la destruction & la *régénération*. Telle est *toute la machine de la Nature:* son Auteur seul renferme en son sein la permanence & l'éternité, & la cessation de l'action est à son gré le terme de l'existence pour les portioncules de ses ouvrages. Placé comme un point au milieu de ce *cercle continu*, l'homme ne peut se dérober à la *loi universelle*; & pendant le court espace qui lui fut donné, il doit se conformer, dans son petit empire, à la *regle générale* qui l'enveloppe de toutes parts, qui s'exécute au-dedans de lui, pour & contre lui, qui le replacera, quant à la matiere, où elle l'a trouvé, & qui lui marque la route qu'il doit suivre pour marcher ici-bas, selon *les regles de la nature*, & *les ordres de son Créateur*" (*Philosophie I*, S. 100 f.).

Die nachfolgende Passage ist dem „wichtige(n), fast gänzlich von Quesnay verfaßte(n) Kap. VII"[112] („Les rapports des Dépenses entre elles") entnommen, das mit einer „Idée sommaire de ce Chapitre" beginnt:

> „Nous avons considéré la nature & l'essence des dépenses, nous avons analysé leurs effets; examinons maintenant leurs rapports avec les produits, & avec toutes les parties économiques & mobiliaires qui composent la charpente & le massif de l'édifice de la société. Les six premieres parties ont établi l'essence des choses & leur jeu naturel; c'est leur jeu de rapports que les six derniers vont développer. ... C'est un objet profond, & nous n'arriverons que par les routes de la simplicité, en suivant *l'ordre physique*, l'ordre réciproque des causes & des effets, abstraction faite de toute marche irréguliere d'administrations politiques, parce que nous ne tendons

---

[112] *Kuczynski*, op. cit. (in Fn. 100), S. XV.

qu'au but de la plus simple vérité, par l'exposition élémentaire de toutes les pieces de rapport qui entrent dans *la construction de la machine économique.* Il a fallu d'abord prendre connoissance de tout le jeu de *cette machine régénératrice.* Il s'agit ici de la disséquer & d'en *découvrir l'organisation par la démonstration anatomique de toutes ses parties* & par le développement de leurs entrelacements, de leur connexion, & du concours de *leur action mutuelle. — Tout n'agit dans la nature que par les rapports.* On a dit que les éléments se combattent, ils se maintiennent au contraire, ils s'entretiennent réciproquement. La tendance de chaque principe vers la prédomination est ce qui fournit à son contraire les *forces* de la résistance & de la réaction vivifiante. Le condensement & l'action sont les effects du combat & de l'opposition, & la renaissance & la durée des ouvrages de la nature résultent du condensement & de l'action de ses grands effets. *L'ordre & la marche de cette machine admirable* sont fixés décisivement par son Auteur. *La grande regle établie pour le tout s'étend sur les subdivisions, & gouverne les différentes parties*" (*Philosophie I,* S. 330-332).

IV. Cartesianische Mechanik als physiokratisches Leitbild?

Sieht man die Erklärung für die physiokratische Uhrenmetaphorik in Quesnays cartesianischer Weltanschauung, drängt sich natürlich die Frage auf, warum die Physiokraten einem naturwissenschaftlichen Leitbild gefolgt sein könnten, das um die Mitte des 18. Jahrhunderts längst überholt war. Bereits 1687 war Isaac Newtons Hauptwerk *Philosophiae naturalis principia mathematica* erschienen. Newton überwand darin die cartesianische Mechanik[113]. Er verallgemeinerte die Bewegungsgesetze, indem er sie mathematisch exakt formulierte und dabei ohne die einengende Maschinen-Vorstellung auskam. Er erklärte Bewegungen nicht mehr — wie die Cartesianer — durch die *Berührung* der Körper, sondern durch die zwischen ihnen wirkende *Kraft.* Während die cartesianische Mechanik eine Physik der *Nahwirkung* von Druck und Stoß war, ist Newtons Mechanik eine der *Fernwirkung* von Kräften. Dieser Unterschied wird in der nationalökonomischen Rezeptionsgeschichte physikalischer Leitbilder regelmäßig übersehen, wenn der mechanistische Ansatz als Einheit behandelt wird.

Im Hinblick auf die Eingangsfrage ist von Belang, daß sich in Frankreich die ,neue', newtonsche nur schwer gegen die ,alte', cartesische Physik durchzusetzen vermochte[114]. Noch um die Mitte des 18. Jahrhunderts, also in jener Zeit, in der die physiokratischen Schriften entstanden, hatte der Cartesianismus nach wie vor Anhänger in Frankreich, wo er früh eine Modephilosophie geworden war, die in der ersten Hälfte des 18. Jahrhunderts ihren Höhepunkt erreichte. Von der ,Maschinenwelt' und ihren Mechanismen war man in den adeligen und bürgerlichen Salons fasziniert, wobei besonders die Uhr mit ihrer raffinierten Technik, ihren spielerischen Effekten und ihrem tiefen Symbolgehalt reichlich

---

[113] Vgl. z. B. *Sachsse,* op. cit. (in Fn. 42), S. 73 ff.

[114] Vgl. z. B. *Teichmann,* op. cit. (in Fn. 72), S. 97 und S. 215 f.

Gesprächsstoff lieferte[115]. Dazu trug auch der Arzt Julien Offray Lamettrie bei, der Quesnay kollegial verbunden war[116]. Er erregte Aufsehen mit seinem Buch *L'homme machine* (1748), in dem er die anthropologischen Spekulationen Descartes' auf die Spitze trieb: „Je ne me trompe point, le corps humaine est une horloge ...“[117] Die Resistenz des mechanistischen Weltbildes hatte viel mit der unmittelbaren Anschaulichkeit der cartesianischen (Maschinen-)Mechanik zu tun. Unter der ‚Berührung von Körpern‘ konnte sich jedermann etwas konkret vorstellen, doch kaum jemand etwas unter ‚Kraft‘, einer unsichtbaren, als Masse mal Beschleunigung definierten physikalischen Größe.

Sogar in den französischen Hochburgen der Wissenschaft behauptete sich die cartesianische Physik noch längere Zeit. Die Professoren der Sorbonne hielten zunächst eisern an ihr fest. Sie empfanden es als einen Rückfall in scholastisches Denken, an Kräfte glauben zu sollen, die Fernwirkungen — gar über weite Strecken hinweg — ausüben, ohne durch Zwischenimpulse übertragen worden zu sein. Die Jahrhundertmitte war längst überschritten, als Voltaire mit Blick auf seine gelehrten Landsleute notierte: „Noch wird Descartes zuweilen von Ignoranten gepriesen, und selbst jene Art von Eigenliebe, die man Nationalstolz nennt, hat sich bemüht, seine Philosophie zu stützen ...“[118] Und Voltaires Biograph Orieux fügte hinzu: „Die patentierten Wissenschaftler hatten fünfzig Jahre gebraucht, um Descartes zu lernen, sie brauchten genauso lange, um ihn wieder zu vergessen.“[119] Voltaire war während seines Exils in England von 1726 bis 1728 zur Lehre Newtons bekehrt worden und vertrat sie daraufhin mit dem gleichen Rigorismus, mit dem er die „Irrtümer“ und „Luftschlösser“ Descartes' bekämpfte[120]. Während sich seine Lebensgefährtin, Marquise du Châtelet, daran machte, Newtons Werke ins Französische zu übersetzen, versuchte Voltaire, „... dem gebildeten Publikum die Physik Newtons verständlich zu machen, die das offizielle Frankreich nicht will und die Voltaire ihm aufdrängt“[121]. Er tat dies sporadisch in seinen *Lettres philosophiques* und systematisch in seiner Schrift *Eléments de la Physique de Newton*. Die Briefe wurden in Frankreich schon deshalb unfreundlich aufgenommen, weil sie die englischen Verhältnisse als vorbildlich priesen. Und sein Buch mußte Voltaire 1738 in Amsterdam herausbringen, weil ihm in der Heimat — wohl auf Betreiben einflußreicher Cartesianer — die Druckerlaubnis verweigert worden

---

[115] Vgl. z. B. *Maurice*, Jean Pigeon, op. cit. (in Fn. 83), S. 50.

[116] *Gilibert*, op. cit. (in Fn. 8), S. 7.

[117] Zit. nach *Maurice*, Räderuhr, op. cit. (in Fn. 45), 1. Bd., S. 15; siehe auch Manfred *Tietzel*, L'homme machine. Künstliche Menschen in Philosophie, Mechanik und Literatur, betrachtet aus der Sicht der Wissenschaftstheorie, in: Zeitschrift für allgemeine Wissenschaftstheorie, Bd. XV (1984), S. 34-71, hier S. 34f. und S. 42.

[118] *Voltaire*, Abbé, Beichtkind, Cartesianer. Philosophisches Wörterbuch, (1764/70), Frankfurt am Main 1985, S. 134.

[119] Jean *Orieux*, Das Leben des Voltaire, Frankfurt am Main 1978, S. 196.

[120] *Voltaire*, op. cit. (in Fn. 118), S. 132 ff.

[121] *Orieux*, op. cit. (in Fn. 119), S. 235, s. auch S. 242 ff. und S. 391 f.

war. Der Widerstand, den das wissenschaftliche Frankreich der Lehre Newtons entgegensetzte und den es nur zögernd aufgab, war nicht zuletzt dadurch motiviert, daß es keine ‚gelernten Gelehrten‘, sondern ein brillanter Freigeist und eine hochgebildete Frau waren, die dem wissenschaftlichen Fortschritt zum Durchbruch verhelfen wollten. Und für die Physiokraten war Voltaire erst recht nicht der Mann, von dem sie sich eines Besseren belehren ließen. Voltaire hat zwar 1775, im hohen Alter, den Finanzminister Turgot in seinem Bemühen unterstützt, die Staatsfinanzen zu sanieren, doch die physiokratischen ‚Ökonomisten‘ hat er nie gemocht. Für ihre Ansichten hatte er nur Spott übrig[122].

Dies mag zusätzlich erklären, warum auch Quesnay der cartesianischen Orthodoxie mehr vertraute als der newtonschen Herausforderung. Die entscheidenden Gründe dürften jedoch woanders zu suchen sein. Die Physiokraten wollten die französische Wirtschaft reformieren. Um die Menschen für ihre Ideen zu gewinnen, mußten sie so ‚anschaulich‘ wie möglich argumentieren. Dabei waren sie sich der Tatsache bewußt, „daß durch mechanische Modelle und Analogien der Mechanismus einer Erscheinung am besten demonstriert und erklärt werden kann"[123]. Darüber hinaus glaubten sie, in der ‚ökonomischen Ordnung‘ Mechanismen entdeckt zu haben, die nach den gleichen Prinzipien funktionierten wie eine komplizierte Maschine, wie eine mechanische Uhr: Ebenso wie der Uhrmechanismus durch unaufhebbare Bewegungsgesetze determiniert ist, sei die „für das menschliche Geschlecht evident vorteilhafteste natürliche Ordnung" (*Schriften II*, S. 42) festgelegt durch die „unveränderlichen zur Bildung und Erhaltung seines Werkes [vom „Höchsten Wesen"] aufgestellten Regeln" (*ebd.*, S. 32). Mehr noch: Der „geregelte Ablauf" (*ebd.*) der ‚physiokratischen Uhr‘ entspricht — wie ich zu zeigen versucht habe — im ganzen wie in Teilen dem gleichmäßigen Gang des mechanischen Uhrwerks, solange der Energievorrat reicht. Soll die ‚Maschine‘ weiterlaufen, muß sie wieder aufgezogen werden. Was in der Räderuhr der Zug der Federn oder Gewichte bewirkt, schafft in der ‚Wirtschaftsuhr‘ der ‚Reproduktionsdruck‘ des Reinertrages. Darüber hinaus gilt jedenfalls für die Uhr: Sie vermag sich nicht selbst zu regulieren, ihre Funktionsabläufe sind vorprogrammiert, sie ist insofern ein unbewegliches System.

Besonders wegen dieser Eigenschaft ist die Uhr im späten 18. Jahrhundert als Metapher und Modell gesellschaftlicher Prozesse zunehmend abgelehnt worden. Ihr starrer Determinismus paßte nicht zum Verlangen nach Willensfreiheit und zu den liberalistischen Wunschvorstellungen vom dynamischen Spiel der politischen und wirtschaftlichen Kräfte, die sich selbst im Gleichgewicht halten. Solche Ideen waren eher in Einklang zu bringen mit regelungstechnischen

---

[122] Vgl. z. B. Karl-Heinz *Schmidt*, Die finanzpolitischen Reformvorschläge der Physiokraten, in: Studien zur Entwicklung der ökonomischen Theorie III, hrsg. von Harald *Scherf*, Berlin 1983, S. 101-138, hier S. 129.

[123] Shmuel *Samburstky*, Allgemeine Einleitung, in: Der Weg der Physik, op. cit. (in Fn. 72), S. 16.

Systemen, die auf exogene Störungen reagieren und durch Rückkoppelung ihren Bewegungsablauf korrigieren. Otto Mayr hat in mehreren Beiträgen die Geschichte der sich selbst regulierenden technischen Systeme wie Fliehkraft-, Dampfdruck- oder Temperaturregler nachgezeichnet und das Denken in Regelkreisen mit dem wirtschaftsliberalen Marktmodell, insbesondere bei Adam Smith, in Verbindung gebracht[124]. Das schon in Newtons Himmelsmechanik angelegte Konzept vom ‚Gleichgewicht der Kräfte‘, das sich durch Feedback-Mechanismen selbst stabilisieren kann, wird nach Mayr[125] zur verbindlichen Metapher „liberaler Systeme" in Wirtschaft und Politik. Sie sei das technologische Gegenbild zur Räderuhr, dem unübertrefflichen Symbol „autoritärer Systeme". Verbindet man Mayrs Hypothese vom kybernetischen Denkmodell der klassischen Nationalökonomie[126] mit meiner Hypothese von der physiokratischen Uhrenmetaphorik, kommt man zu dem Schluß, daß sich zwar beide Schulen u. a. von physikalisch-technologischen Vorstellungen leiten ließen, doch dabei offenbar gegensätzliche technische Systeme vor Augen hatten. In dieser Hinsicht wäre somit ein klarer Trennstrich zwischen Physiokratie und Klassik zu ziehen. Überspitzt könnte man sagen: Als die Mechanik Descartes' endgültig von der Mechanik Newtons abgelöst wurde, mußte auch die „Cartesianische Ökonomik" (Pribram) der Physiokraten der ‚Newtonschen Ökonomik‘ der Klassiker weichen. Gerade dieser naturwissenschaftliche Umbruch — vermutet Foley[127] — sei es gewesen, der Quesnay den Spaß an der Ökonomie so gründlich verdorben hat, daß er ihr im Alter den Rücken kehrte und sich — zum Leidwesen seiner Schüler — ganz der Mathematik verschrieb. Aber auch hier fesselte ihn nochmals die Idee des Kreises: Seine Quadratur hätte er, wie viele vor ihm, zu gern gelöst[128].

Weitere theoriegeschichtliche Aspekte sind zu bedenken, wenn „the concept of an *economic* machine" Quesnay *und* Smith zugeschrieben wird[129]. Die Physiokraten vertrauten nicht allein dem Leitbild der fremd-regulierten Maschine ‚Uhr‘, sie bauten in ihre Ökonomie auch selbst-regulative Mechanismen ein,

---

[124] Otto *Mayr*, Zur Frühgeschichte der technischen Regelungen, München und Wien 1969, S. 122f.; *ders.*, Adam Smith and the Concept of the Feedback System. Economic Thought and Technology in 18th-century Britain, in: Technology and Culture, Vol. 12 (1971), S. 1-22; deutsche Übersetzung: Adam Smith und das Konzept der Regelung, in: Technik-Geschichte, hrsg. von Ulrich *Troitzsch* und Gabriele *Wohlauf*, Frankfurt am Main 1980, S. 241-268; *ders.*, Authority, op. cit. (in Fn. 37), S. 164ff.

[125] *Mayr*, op. cit. (in Fn. 37).

[126] Vgl. auch *Lowe*, op. cit. (in Fn. 16), S. 141, der auf ein anderes, organizistisches Rückkoppelungsmodell bei Adam Smith aufmerksam macht.

[127] *Foley*, op. cit. (in Fn. 18), S. 144ff.

[128] Vgl. u. a. Ronald L. *Meek*, Ideas, Events and Environment. The Case of the French Physiocrats, in: Events, Ideology and Economic Theory. The Determinants of Progress in the Development of Economic Analysis, ed. by Robert V. *Eagly*, Detroit 1968, S. 44-64, hier S. 50, insbes. Fn. 16 (S. 64).

[129] Ronald L. *Meek*, The Rise and Fall of the Concept of the Economic Machine. An Inaugural Lecture, Leicester 1965, insbes. S. 6ff.

die sie jedoch — vielleicht im Gegensatz zu Smith — *nicht* in Analogie zu entsprechenden *technischen*, sondern in Analogie zu *biologischen Systemen* betrachteten: „Von umfassender Bildung hat er [Quesnay] bereits ein epochemachendes Essay über die Oekonomie des animalischen Körpers veröffentlicht; von hier aus ist es ihm nicht zweifelhaft, daß in der Oekonomie des gesellschaftlichen Körpers dieselbe sich selbst regelnde Gesetzmäßigkeit walte."[130] Es bleibt dabei: Die wissenschaftliche Metaphorik der Physiokraten war vielfältig, ihre Volkswirtschaftslehre hatte mehrere Vor-Bilder, darunter mechanisch-physikalische ebenso wie biologisch-organische.

---

[130] H. *Eisenhart*, Geschichte der Nationalökonomik, Jena 1881, S. 31. Vgl. auch *Lowe*, op. cit. (in Fn. 16), S. 141. Es gibt zu denken, daß Adam Smith, op. cit. (in Fn. 31), S. 536 (*Waentig*-Ausgabe), dem Arzt Quesnay zwar zugute hält, dem „Staatskörper" die „strenge Diät vollkommener Freiheit und vollkommener Gerechtigkeit" verschrieben zu haben, doch in Frage stellt, ob er schon die ,Selbsterhaltungs(Selbstheilungs)kräfte' der Marktökonomie in Erwägung gezogen hat.

Aufstieg und Niedergang eines Forschungsprogramms: allgemeine Gleichgewichtsanalyse

Von *Dieter Schneider*, Bochum

Problemstellung

Als Turgot in einem langen Brief an David Hume 1767 den bildhaften Vergleich benutzte, die Konkurrenz wirke dahin, eine Art Gleichgewicht zwischen den Werten sämtlicher Naturprodukte, dem Verbrauch von Lebensmitteln, den verschiedenen Arten von Arbeitsleistungen, der Anzahl der Menschen, die dadurch beschäftigt werden, und den Preisen für ihre Leistungen herbeizuführen[1], wandte er den gewohnten physiokratischen Denkstil an[2]: ein Vorbild aus der Physik der Mechanik zu übernehmen, so wie es z. B. auch Quesnay beim „Wirtschaftskreislauf" getan hatte[3].

Doch während die Mechanik Newtons sich über 200 Jahre später noch im täglichen Leben bewährt, obwohl sie als Erklärungsmodell für das physikalische Weltbild inzwischen verworfen ist, versagt die „Theorie des wirtschaftlichen Gleichgewichts" im täglichen Leben dem Augenschein nach vollständig, und sie wird trotzdem immer noch von vielen Wirtschaftswissenschaftlern hoch geschätzt. Kritikern[4] wird entgegengehalten: „Für die Beantwortung der spezifi-

---

[1] „Dans une nation où le commerce et l'industrie sont libres et animés, la concurrence fixe ce profit au taux le plus bas qu'il soit possible. Il s'établit une espèce d'équilibre entre la valeur de toutes les productions de la terre, la consommation des différentes espèces de denrées, les différents genres d'ouvrage, le nombre d'hommes qui y sont occupés, et le prix de leurs salaires ... Cela posé, si l'on charge un des poids, il est impossible qu'il en résulte pas dans toute la machine un mouvement qui tend à rétablir l'ancien équilibre." Brief vom 25. März 1767, in: Oeuvres de Turgot, édités par Gustave Schelle, Tome II. Paris 1914, S. 658-665, hier S. 663.

[2] Vgl. Karl *Přibram:* Die Idee des Gleichgewichtes in der ä[l]teren nationalökonomischen Theorie. In: Zeitschrift für Volkswirtschaft, Sozialpolitik und Verwaltung. 17. Band (1908), S. 1-28, hier bes. S. 17; zu Turgots Beeinflussung durch die Mechanik vgl. bes. Peter *Struve:* Zum Problem des sog. wirtschaftlichen Gleichgewichtes. In: Zeitschrift für Nationalökonomie, Band VII (1936), S. 483-532, hier S. 490f.

[3] Vgl. Heinz *Rieter:* Zur Rezeption der physiokratischen Kreislaufanalogie in der Wirtschaftswissenschaft. In: Studien zur Entwicklung der ökonomischen Theorie III. Berlin 1983, S. 55-99.

[4] In den letzten zwei Jahrzehnten vor allem János *Kornai:* Anti-equilibrium. Amsterdam — London 1971; N. *Kaldor:* The Irrelevance of Equilibrium Economics. In: The Economic Journal, Vol. 82 (1972), S. 1237-1255; Klaus *Heinemann:* Zur Problematik von Gleichgewichtskonzepten in den Sozialwissenschaften. In: Jahrbuch für Sozialwissenschaft, Band 27 (1976), S. 327-341; Horst Georg *Koblitz,* Heinz *Rieter:* Wirtschaftliches

schen Fragen, die die Gleichgewichtstheorie stellt, gibt es keine überzeugende Alternative"[5].

Das wäre ein durchschlagendes Argument, falls für eine Wirtschaftstheorie als Erfahrungswissenschaft Fragen bestehen, die bisher die allgemeine Gleichgewichtstheorie besser als irgendeine konkurrierende Theorie beantwortet. Doch genau darin liegt des Pudels Kern und das Problem dieses Beitrags:

Gibt es überhaupt Fragen innerhalb einer Wirtschaftstheorie als Erfahrungswissenschaft, welche die allgemeine Gleichgewichtsanalyse besser als andere Denkansätze beantwortet?

Wie hierüber die Meinungen auseinandergehen, belegt schon der Anlaß für diese Untersuchung: In der Diskussion auf der Salzburger Tagung des Dogmenhistorischen Ausschusses (22./23. 3. 1984) hielt Scherf meine Auffassung vom Versagen der Gleichgewichtstheorie für eine Erklärung von Unternehmungen[6] für unzutreffend und erläuterte dies brieflich am 25. 4. 1985 damit, daß meine Kritik „die Position vieler sachkundiger Gleichgewichtstheoretiker nicht trifft". Als einzigen Beleg nennt er einen Beitrag von Frank Hahn[7], der Scherfs Auffassung „in wünschenswerter Klarheit" ausdrücke. Demgegenüber lese ich bei Hahn neben einer Stütze meiner Kritik an der Theorie der Unternehmung innerhalb der allgemeinen Gleichgewichtsanalyse[8] und anderem mir zutreffend Erscheinendem ein Übermaß an Fragwürdigem, zu dessen Klärung dieser Beitrag mit dienen soll.

Teil I versteht die inzwischen über 200 Jahre alte Theorientradition vom wirtschaftlichen Gleichgewicht als Theorienfolge mit einem gemeinsamen harten Kern „allgemeine Gleichgewichtsanalyse", d.h. als Forschungsprogramm.

Teil II prüft, ob dieses Forschungsprogramm erfahrungswissenschaftlichen Fortschritt zeigt oder ob es stagniert bzw. degeneriert. Die Prüfung erfolgt anhand der Fragen, auf die nach Meinung ihrer Anhänger die allgemeine Gleichgewichtsanalyse eine Antwort weiß.

Gleichgewicht — zum ‚Glanz-Verfall' der zentralen Konzeption der theoretischen Ökonomie. In: Gleichgewicht, Entwicklung und soziale Bedingungen der Wirtschaft, hrsg. von Günter Ollenburg, Wilhelm Wedig, Berlin 1979, S. 243-272, und die dort genannten Quellen.

[5] Frank *Hahn:* Die allgemeine Gleichgewichtstheorie. In: Die Krise in der Wirtschaftstheorie, hrsg. von Daniel Bell und Irving Kristol. Berlin usw. 1984, S. 154-174, hier S. 161 f.

[6] Vgl. Dieter *Schneider:* Unternehmer und Unternehmung in der heutigen Wirtschaftstheorie und der deutschsprachigen Nationalökonomie der Spätklassik. In: Studien zur Entwicklung der ökonomischen Theorie V. Berlin 1986, S. 29-79, bes. S. 32-38.

[7] Vgl. Frank *Hahn:* Why I am not a Monetarist. In: *ders.:* Equilibrium and Macroeconomics. Oxford 1984, S. 307-326.

[8] Vgl. bes. *Hahn* (Fn. 5), S. 164 f.

Teil III faßt die Gründe für den erfahrungswissenschaftlichen Niedergang des Forschungsprogramms „allgemeine Gleichgewichtsanalyse" zusammen.

I. Das Forschungsprogramm „allgemeine Gleichgewichtsanalyse" als Theorienfolge mit gemeinsamem „harten Kern"

Das Folgende beschäftigt sich im einzelnen nur mit jenem Teil der allgemeinen Gleichgewichtsanalyse, der heute als walrasianische Gleichgewichtssysteme bezeichnet wird, weil diese Analyse erstmals vollständig (wenngleich noch nicht konsistent) von Léon Walras[9] vorgestellt, von der ihm folgenden Lausanner Schule (Pareto, aber auch Barone, Pantaleoni, Amoroso) ausgebaut und über weitere Zwischenstufen nach Sicht von Hahn „in ihrer klassischen Form durch Arrow und Debreu (1954 und 1959) entwickelt wurde"[10].

Allerdings erfolgt die Einschränkung auf walrasianische Gleichgewichtssysteme hauptsächlich der Kürze wegen; denn die grundlegenden erfahrungswissenschaftlichen Einwände treffen „nicht-walrasianische" Gleichgewichtssysteme, z. B. die „core-Modelle"[11], in gleicher Weise.

Die allgemeine Gleichgewichtsanalyse wird hier als Forschungsprogramm bezeichnet, weil wissenschaftsgeschichtlich eine Theorienfolge vorliegt, wobei die zeitlich aufeinanderfolgenden Theorien einen „harten Kern" gemeinsam haben, „der, infolge der methodologischen Entscheidung seiner Protagonisten, ,unwiderlegbar' ist"[12]. Die einzelnen Theorien mit gleichem harten Kern können sich in Einzelannahmen und Aussagen durchaus widersprechen.

Der harte Kern eines Forschungsprogramms „allgemeine Gleichgewichtsanalyse" wird hier in drei methodologischen Vorentscheidungen durch Forscher gesehen:

1. Ein und dieselbe Problemlösungsidee wird auf unterschiedliche Fragen an die bzw. aus der Wirklichkeit angewandt. Problemlösungsidee ist die aus der Mechanik übernommene Vorstellung vom Gleichgewicht sich gegenseitig aufhebender (ausgleichender) Kräfte. Die Problemlösungsidee wird mittels eines Systems simultaner Gleichungen zum Theoriebilden eingesetzt.

---

[9] Vgl. Léon *Walras:* Éléments d'économie politique pure ou théorie de la richesse sociale. 1. Aufl. in zwei Lieferungen. Lausanne — Paris 1874, 1877; 2. Aufl. Lausanne — Leipzig 1889, édition définitive der 4. Aufl., Paris — Lausanne 1926, aus dieser wird zitiert.

[10] *Hahn* (Fn. 5), S. 154.

[11] Vgl. als erste Einführungen E. Roy *Weintraub:* The Microfoundations of Macroeconomics: A Critical Survey. In: Journal of Economic Literature, Vol. 15 (1977), S. 1-23, bes. S. 15 f.; Christian *Seidl:* Allokationsmechanismen. In: Ökonomische Verfügungsrechte und Allokationsmechanismen in Wirtschaftssystemen, hrsg. von Karl Ernst Schenk. Berlin 1978, S. 123-205; Klaus *Jaeger:* Gleichgewicht, ökonomisches. In: HdWW, Stuttgart 1981, S. 671-699, insbes. S. 692 f.

[12] Imre *Lakatos:* Falsifikation und die Methodologie wissenschaftlicher Forschungsprogramme. In: Kritik und Erkenntnisfortschritt, hrsg. von Imre Lakatos, Alan Musgrave. Braunschweig 1974, S. 89-189, hier S. 131.

Die erfahrungswissenschaftliche Implikation dieses Vorgehens ist dabei die eines „Koordinationsmechanismus" mit einer „allgemeinen Interdependenz der Wirtschaftsgrößen" bzw. die Annahme, „Alle Waren und Dienstleistungen stehen im Wettbewerb mit allen übrigen Waren und Dienstleistungen", um zwei ideologische Kontrahenten zu diesem Sachverhalt zu zitieren[13].

2. Die auf Erklärungen des als „Wirtschaft" bezeichneten gesellschaftlichen Teilbereichs abzielende Sicht von Tausch- und Produktionshandlungen als Koordinationsmechanismus wird mit der normativen (gestaltenden) Aufgabe der Allokationseffizienz eines solchen Koordinationsmechanismus verknüpft: „the discussion of coordination shades off in that of efficiency"[14].

3. Es wird der Anspruch erhoben, ein grundlegendes Konzept ökonomischer Theoriebildung vorzutragen. Dieser Anspruch äußert sich in zwei methodologischen Einzelaussagen:

(a) Die Handlungen einzelner Menschen bzw. einzelner „Wirtschaftssubjekte" bestimmen allein das Wirtschaftsgeschehen insgesamt: „macroeconomics is simply the project of deducing something about the behaviour of such aggregates as income and employment from the microtheory which we have"[15]. In diesem „methodologischen Individualismus" könnte sich die generelle Gleichgewichtsanalyse von früheren, z. B. merkantilistischen Gleichgewichtsvorstellungen, unterscheiden. Diese wollten, ausgehend von der Außenhandelsbilanz, volkswirtschaftliche Aggregatgrößen ausbalancieren. Spätestens begann mit dem „naturrechtlichen Individualismus" der Physiokraten[16] die volkswirtschaftliche Gleichgewichtsvorstellung nach einer einzelwirtschaftlichen Grundlegung zu suchen.

(b) Einzelaussagen mit Hilfe der ceteris paribus-Klausel, also insbesondere alle partiellen Gleichgewichtsmodelle, gelten nur als logisch haltbar, wenn sie als Vereinfachungen von stillschweigenden (nicht explizierten) allgemeinen Gleichgewichtsvorstellungen betrachtet werden. Auf dreierlei Weise wird bislang die mikroökonomische Lehrbuchtheorie der sog. Haushalte, Unternehmungen, Märkte als Vereinfachung allgemeiner Gleichgewichtsanalyse erklärt:

---

[13] Vgl. Oskar *Lange:* Die allgemeine Interdependenz der Wirtschaftsgrößen und die Isolierungsmethode. In: Zeitschrift für Nationalökonomie. Band IV (1933), S. 52-78; Ludwig *v. Mises:* Markt. In: Handwörterbuch der Sozialwissenschaften. Göttingen 1961, S. 131-136, hier S. 133.

[14] Kenneth J. *Arrow:* General Economic Equilibrium: Purpose, Analytic Techniques, Collective Choice. In: The American Economic Review, Vol. 64 (1974), S. 253-272, hier S. 255.

[15] *Hahn* (Fn. 7), S. 311.

[16] *Přibram* (Fn. 2), S. 20; zum „methodologischen Individualismus" vgl. Joseph *Schumpeter:* Das Wesen und der Hauptinhalt der theoretischen Nationalökonomie. 1908. 2. Aufl. Berlin 1970, S. 90-98.

(1) Die partielle Gleichgewichtsanalyse ist ein Spezialfall der allgemeinen Gleichgewichtsanalyse unter der Voraussetzung, daß eine Menge von Gütern für Untersuchungszwecke als ein zusammengesetztes Gut betrachtet wird[17].

(2) Aus Gründen der Vereinfachung lassen sich einzelne Abhängigkeiten dann von der Interdependenz sämtlicher Wirtschaftsgrößen isolieren, wenn die direkten und die indirekten Wirkungen der gerade nicht im Modell betrachteten Sachverhalte unterhalb eines bestimmten Relevanzkriteriums bleiben. Dieses von Cournot und Marshall erwogene Vorgehen präzisiert Oskar Lange durch Einführung von Kreuzpreiselastizitäten, die ungerechtfertigterweise seit Jahrzehnten mit dem Namen Triffins in die Lehrbücher eingegangen sind[18].

(3) Bei Partialanalysen werden für den aus dem Modell ausgeschlossenen Teil der Welt die Separationseigenschaften des generellen Konkurrenzgleichgewichts benutzt. Damit ist nicht vorausgesetzt, daß für die wirtschaftliche Wirklichkeit als Ganzes eine allgemeine Interdependenz der Wirtschaftsgrößen (ausgedrückt im generellen Konkurrenzgleichgewicht) gilt, sondern nur für den „ceteris paribus"-Teil des Modells[19].

Forschungsprogramm heißt also die gemeinsame Methodik einer erfahrungswissenschaftlichen Theorienfolge. Dabei steigt ein Forschungsprogramm nur dann auf, „solange es neue Tatsachen mit einigem Erfolg vorhersagt ...; es *stagniert*, wenn sein theoretisches Wachstum hinter seinem empirischen Wachstum zurückbleibt, d.h. wenn es nur Post-hoc-Erklärungen entweder von Zufallsentdeckungen oder von Tatsachen gibt, die von einem konkurrierenden Programm antizipiert und entdeckt worden sind"[20].

Vorhersagen oder Erklärungen von „Tatsachen" als Prüfstein für Aufstieg oder Niedergang eines Forschungsprogramms anzusehen, ist für Natur-einschließlich Ingenieur-Wissenschaftler selbstverständlich, für Wirtschaftstheoretiker ist dies noch keineswegs allgemein der Fall.

Doch zumindest dann, wenn eine naturwissenschaftliche Vorstellung als Vorbild für den Aufbau einer Wirtschaftstheorie betrachtet wird, erscheint die Prüfung dieses Konzepts unter einer auf Erfahrungswissenschaften ausgerichteten Methodologie angebracht.

---

[17] Vgl. Wassily *Leontief:* Composite Commodities and the Problem of Index Numbers. In: Econometrica, Vol. 4 (1936), S. 39 - 59; J. R. *Hicks:* Value and Capital (1939), 2nd. ed. Oxford 1946, S. 33 f.

[18] Vgl. *Lange* (Fn. 13), S. 64 - 67; Robert *Triffin:* Monopolistic Competition and General Equilibrium Theory. Cambridge, Mass. 1940, S. 98 - 108.

[19] Vgl. Dieter *Schneider:* Allgemeine Betriebswirtschaftslehre. 3. Aufl. München — Wien 1987, S. 43 - 47.

[20] Imre *Lakatos:* Die Geschichte der Wissenschaft und ihre rationalen Rekonstruktionen. In: Lakatos, Musgrave (Fn. 12), S. 271 - 311, hier S. 281.

7*

Zu diesem Zweck ist es notwendig, Theorien des wirtschaftlichen Gleichgewichts nicht nur als formalwissenschaftliche Anwendungsübungen von Mathematik und Entscheidungslogik (also als Explikation eines „rationalen Disponierens über knappe Mittel") zu begreifen, sondern sie als erfahrungswissenschaftliche Theorien zu verstehen. Um abzugrenzen, was als eine erfahrungswissenschaftliche Theorie innerhalb einer Theorienfolge gilt, sei folgende Inhaltsbestimmung von „Theorie" benutzt[21]:

1. Nicht nur Erklärungsmodelle und ihre Hypothesen, sondern auch Entscheidungsmodelle und daraus folgende Handlungsempfehlungen und Meßmodelle (mit ihren Folgen für den Aufbau eines einzel- oder gesamtwirtschaftlichen Rechnungswesens für Planungs- und Kontrollzwecke) sind in den Begriff „Theorie" einzuschließen.

2. Theorie wird nicht als unerläuterter „Aussagenzusammenhang" verstanden, sondern als Struktur: als geordnete Menge aus den Elementen

(a) „Fragen an die bzw. aus der Wirklichkeit" und die „Problemlösungsidee" (Teilmenge „Problemstellung"),

(b) „logisch-mathematische Modellbildung (Syntax)" und „Semantik der darin benutzten Symbole und Zeichen" (Teilmenge „Strukturkern"),

(c) „Musterbeispiele" für die Anwendbarkeit des Strukturkerns auf die Wirklichkeit (in der allgemeinen Gleichgewichtsanalyse werden als einziges Börsen genannt, vgl. den Text zu Fn. 40, 68) und

(d) „Hypothesen" als verallgemeinernde Aussagen über noch aufzufindende Musterbeispiele, also Erklärungen oder Vorhersagen von dem was ist, bzw. Handlungsempfehlungen zum Erreichen eines normativen oder eines Meßzieles.

Der „harte Kern" äußert sich in Gemeinsamkeiten der Problemlösungsidee und des Strukturkerns. Dabei interessiert in diesem Beitrag die Syntax der allgemeinen Gleichgewichtsanalyse nicht, also ihre mathematische Axiomatik, die Existenz, Stabilität und Eindeutigkeit einer Lösung sichert. Ein mathematischer, also formal-wissenschaftlicher Aufstieg des Forschungsprogramms, den seine Anhänger mehrfach im einzelnen nachgezeichnet haben[22], wird nicht bezweifelt. Hier wird allein untersucht, ob die mathematische Vertiefung den einzigen wissenschaftlichen Fortschritt in diesem Forschungsprogramm darstellt und damit nur formalwissenschaftlich-„theoretisches Wachstum" (Lakatos, Fn. 20) verwirklicht worden ist.

Der erfahrungswissenschaftliche Gehalt eines Strukturkerns und damit zugleich einer Theorie bezieht sich auf die Interpretation der Symbole und

---

[21] Vgl. *Schneider* (Fn. 19), S. 54-59.

[22] Vgl. z.B. Kenneth J. *Arrow*, F.H. *Hahn:* General Competitive Analysis. San Francisco — Edinburgh 1971, S. 1-16; *Arrow* (Fn. 14), S. 260-263; *Jaeger* (Fn. 11), S. 693-696.

Zeichen. Mathematische Ökonomen pflegen diese bisher zurückhaltend bis sehr nachlässig durchzuführen, was im einzelnen anhand der „klassischen Form durch Arrow und Debreu" in II.3. belegt werden wird. Die Axiomatisierung eines Modells und dessen Lösung sichern nur die Widerspruchsfreiheit bei der Verknüpfung der Symbole und Zeichen (eine logische Wahrheit), aber noch keinerlei empirischen Bezug. Axiomatisierung und Modellergebnisse sagen nichts, aber auch gar nichts, über den erfahrungs- und d.h. hier: den wirtschaftswissenschaftlichen Gehalt der modellmäßigen Abbildung selbst.

Allein die Bedeutungserklärung der Zeichen entscheidet, ob aus einem Symbolhaufen eine erfahrungswissenschaftliche Theorie werden kann; denn erst danach lassen sich Musterbeispiele für eine erfolgreiche Anwendung des Strukturkerns auf Erfahrungstatbestände nennen und Hypothesen aussprechen, die einen Geltungsbereich der Modellergebnisse über die bisher schon aufgefundenen Musterbeispiele hinaus behaupten. Welche Hypothesen mit der allgemeinen Gleichgewichtsanalyse erarbeitet worden sind: Das ist eine offene Frage. Teil II. sucht sie zu beantworten.

II. Erfahrungswissenschaftliche Fragen und Antworten durch die „allgemeine Gleichgewichtsanalyse"

1. Allgemeine Gleichgewichtsanalyse als Erklärungsmodell

a) Gleichgewichtsanalyse vor Walras: Erklärung der Austauschverhältnisse bei einmaligem markt-räumenden Tausch

Ein erster erfahrungswissenschaftlicher Bezug der allgemeinen Gleichgewichtsanalyse behauptet: Sie erlaube das Bilden erklärender (positiver) Theorien. Konkurrenzgleichgewichte stellten eine zwar idealisierte, aber im Grundsatz adäquate Beschreibung der Welt dar, in der wir leben.

Das generelle Konkurrenzgleichgewicht als Erklärungsmodell zu betrachten, war vor Debreu[23] die Auffassung der Lausanner Schule, Schumpeter eingeschlossen; denn nach ihm entstehen Wirtschaftskrisen, weil dynamische Unternehmer einen bestehenden Gleichgewichtszustand zerstören[24]. Pareto hält ausdrücklich der partiellen Gleichgewichtsanalyse Marshalls entgegen: Es sei unzulässig, von der Interdependenz sämtlicher Wirtschaftsgrößen, wie sie die allgemeine Gleichgewichtsanalyse beschreibe, zu abstrahieren[25].

---

[23] Gérard *Debreu:* Theory of Value. New York 1959; deutsch: Werttheorie. Berlin usw. 1976, S. 44, 91.

[24] Vgl. Joseph *Schumpeter:* Über das Wesen der Wirtschaftskrisen. In: Zeitschrift für Volkswirtschaft, Sozialpolitik und Verwaltung, Jg. 19 (1910), S. 271-325, z.B. S. 284; *ders.:* Business Cycles. New York 1939. Nachdruck 1964, S. 15-17.

[25] Vgl. Vilfredo *Pareto:* Manuel d'économie politique. 1909. Nachdruck Genf 1966, S. 557 Fußnote.

Auf partiellen Gleichgewichtsmodellen als idealisierter, aber adäquater Beschreibung der Welt, wie sie ist, beruht noch heute der Denkstil der Chicagoer Schule[26]. Hahn lehnt es ab, die Gleichgewichtsanalyse als Erklärungsmodell anzusehen[27]. Dieses Urteil soll hier in folgender Weise gestützt werden:

Falls überhaupt die allgemeine Gleichgewichtsanalyse als Forschungsprogramm für erklärende Theorien gedeutet werden kann, dann ist eine gegenüber der Chicago-Schule sehr viel bescheidenere Problemstellung zu wählen: die Bestimmung von Tauschverhältnissen bei gegebener Marktzufuhr für eine Vielzahl von Gütern und einem einmaligen markt-räumenden Tausch unter einflußlosen Marktteilnehmern. Eine solche Aufgabe stellten sich Vorläufer von Walras. Selbst dieser — gegenüber Debreu und der heutigen Chicago-Schule — bescheidene empirische Gehalt des Forschungsprogramms hätte schon von Walras wegen des Scheiterns seiner Lehre von der Errichtung eines Gleichgewichts par tâtonnement aufgegeben werden müssen.

Als Vorläufer von Walras seien genannt:

a) Achylle-Nicolas Isnard (1749-1803), Ingenieur bei der Verwaltung des Bezirks Besançon, als er anonym sein Werk schrieb, entwickelte 1781 das Modell eines Tauschgleichgewichts, wonach die Werte der ausgetauschten Gütereinheiten sich umgekehrt proportional zu den ausgetauschten Mengen verhalten[28]. Turgot (Fn. 1) hatte, wie natürlich auch Adam Smith[29], das Gleichgewichtsdenken nur für die Bestimmung der „natürlichen" Preise (prix fondamentales) im Unterschied zu den durch Angebot und Nachfrage bestimmten prix courantes angewandt.

Isnard nimmt neben einem Tauschgleichgewicht u. a. auch Walras' Vorstellung vorweg, eines der gehandelten Güter als allgemeinen „Wertmaßstab" (numéraire) auszuwählen. Walras weist in seinem Hauptwerk nicht auf Isnard hin. Als Jevons ihn um Angaben für seine Bibliographie mathematisch-ökonomischer Schriften bittet, schreibt er zurück, daß er ein Buch von Isnard

---

[26] Vgl. Melvin W. *Reder:* Chicago Economics: Permanence and Change. In: Journal of Economic Literature, Vol. 20 (1982), S. 1-38.

[27] „Monetarism I take to be the doctrine that the perfectly competitive economy in Walrasian equilibrium is adequately descriptive of the world we live in", *Hahn* (Fn. 7), S. 307. Demgegenüber wird z. B. in Wolfgang *Balzer:* Empirical Claims in Exchange Economics. In: Philosophy of Economics, edited by W. Stegmüller u. a., Berlin usw. 1982, S. 16-40, einfach vorausgesetzt „that microeconomical equilibrium theories are empirical theories" (S. 16), anstatt dies zu prüfen.

[28] Vgl. Achylle-Nicolas *Isnard:* Traité des richesses. 2 Bände. London und Lausanne 1781, S. 16-22; dazu im einzelnen William *Jaffé:* A. N. Isnard, Progenitor of the Walrasian General Equilibrium Model. In: History of Political Economy, Vol. 1 (1969), S. 19-43; wiederabgedruckt in William Jaffé's Essays on Walras, edited by Donald A. Walker. Cambridge (Mass.) u. a. 1983, S. 55-77.

[29] Vgl. Adam *Smith:* An Inquiry into the Nature and Causes of the Wealth of Nations (1776); deutsch: Der Wohlstand der Nationen, hrsg. von Horst Claus Recktenwald, München 1974, S. 51.

besitze, und erkennt Isnards Leistung in der von ihm besorgten französischen Wiedergabe von Jevons' Bibliographie an[30].

b) Nach Nicolas François Canard (1755-1833), Professor der Mathematik an der Schule seiner Vaterstadt Moulins, entspricht im Ökonomischen die „Kraft" des Verkäufers der „Kraft" des Käufers. Es sei das Prinzip des Gleichgewichts beider Kräfte, auf das sich die gesamte Theorie der politischen Ökonomie beziehe, wie es das Prinzip des Hebels sei, auf das sich die gesamte mechanische Statik stützt[31]. Canard trägt Überlegungen zur Höhe des Monopolpreises vor, die zumindest ansatzweise den Begriff der Nachfragefunktion und des Cournotschen Monopolpreises vorwegnehmen[32].

Aber wegen seiner fragwürdigen Steuerwirkungslehre und Fehlern in einem Formelwust wird Canard bisher eher lächerlich gemacht: Canards Werk werde „gelegentlich zu den frühen Beiträgen zur mathematischen Volkswirtschaftslehre gezählt (aufgrund einiger algebraischer Formeln, die nichts besagen) und würde in den Genuß wohlverdienter Vergessenheit gelangen, hätte es nicht ein Mißgeschick ereilt. Dieses Mißgeschick bestand darin, daß es von der gleichen Französischen Akademie „gekrönt" wurde, die es später versäumte, den Werken von Walras und Cournot ihre Anerkennung zu zollen. Und diese beiden Olympiers nahmen nach den Canard erwiesenen Ehrungen diese Vernachlässigung mit um so größerer Bitterkeit auf, weshalb sie ihn mit höhnischer Verachtung straften, die ihm zu einer wenig beneidenswerten Unsterblichkeit verhalf. In der Geschichte der wissenschaftlichen Totgeburten wird Canard für immer seinen Ehrenplatz behaupten"[33].

Schumpeters Ausführungen sind angesichts der teilweisen Priorität Canards hinsichtlich der Nachfragefunktion und des Gewinnmaximums des Monopoli-

---

[30] Nach *Jaffé* (Fn. 28), S. 60.

[31] „C'est au principe de l'équilibre des ces deux forces que se rapporte toute la théorie de l'économie politique, comme c'est au principe de l'équilibre du lévier, que se rapporte toute la statique". N.F. *Canard:* Principes d'économie politique. Paris 1801, S. 30 f.; vgl. den Nachdruck N.F. *Canard:* Grundsätze der Staatswissenschaft, hrsg. von W.G. Waffenschmidt. Stuttgart 1958, S. 194.

[32] „Je viens maintenant à la seconde limite de la latitude ou au plus haut prix que le monopole puisse assigner aux choses. D'abord, si l'object à vendre n'est pas pour le consommateur d'une nécessité absolue, on conçoit qu'à proportion que le vendeur vent en augmenter le prix, il diminue le nombre des acheteurs: ainsi, tandis qu'il gagne par l'augmentation du prix, il perd par la diminution de la vente. Il y a donc un point d'augmentation telle, qu'il perd autant d'un côté qu'il gagne d'un autre: ce point est la limite de la latitude pour le vendeur, parce que s'il voulait augmenter son prix au-delà, son gain diminuerait plutôt que d'augmenter", *Canard* (Fn. 31), S. 34. Wiederentdeckt hat diese Stelle Helmut *Reichardt:* Augustin A. Cournot: Sein Beitrag zur exakten Wirtschaftswissenschaft. Tübingen 1954, S. 89 f.

[33] Joseph A. *Schumpeter:* Geschichte der ökonomischen Analyse. Göttingen 1965, S. 613 f.; ein ähnliches Fehlurteil bei J. *Bertrand:* Journal des Savants. Paris 1885, S. 499-508, hier S. 499 f. kritisiert *Reichardt* (Fn. 32), S. 101; vgl. auch *Waffenschmidts* Einführung (Fn. 31), S. 43-48.

sten mißlungen, und Cournots Urteil erscheint gerade deshalb peinlich: „Die aufgestellten Prinzipien sind derart falsch, und ihre Anwendung so irrig, daß auch die Stimme einer hervorragenden Körperschaft das Werk nicht vor der Vergessenheit bewahren konnte"[34].

c) Cournot erkennt bei der Erörterung der Nachfragefunktion natürlich die „Interdependenz aller Wirtschaftsgrößen", wie sie aus dem mechanischen Gleichgewicht aller Kräfte folgt: „Wir betrachten die Preise der anderen Waren und das Einkommen der anderen Produzenten als gegebene und unveränderliche Größen. In Wirklichkeit ist das Wirtschaftssystem aber ein Zusammenwirken, bei dem alle Teile voneinander abhängen und in gegenseitiger Wechselwirkung stehen … Es scheint also, daß man bei der vollkommenen und strengen Lösung von Teilproblemen des wirtschaftlichen Systems nicht vermeiden könne, da[ß] ganze System zu betrachten. Aber das würde die Kräfte der analytischen Mathematik und unserer praktischen Rechenmethoden übersteigen". Bei seiner näherungsweisen Antwort behauptet er: Zwar könne man die nach der Änderung eines Preises eintretenden Gegenwirkungen aufgrund der Preisänderungen anderer Güter und der Einkommensänderungen bis ein neues Gleichgewicht sich einstellt, „nicht berechnen, aber die allgemeinen Prinzipien der Analyse zeigen uns, daß ihr Ausschlag sich fortschreitend verkleinert". Damit gab er den Anstoß zu Walras' Lehre von der Errichtung eines Gleichgewichtszustands par tâtonnement[35].

b) Walras' Lehre von der Errichtung eines Gleichgewichtszustandes
   über Arbitragen und par tâtonnements als Erklärungsmodell?

Walras erklärt in seiner Selbst-Biographie[36] die Ausführungen Cournots zum Ausgangspunkt seiner Überlegungen: Dessen Nachfragekurve, welche die Nachfragemenge als Funktion des Preises dieses Gutes abbildet, sei streng genommen nur im Fall eines Marktes mit zwei Gütern zutreffend. Deshalb leitet Walras aus seiner Konzeption eines additiven (und damit kardinal meßbaren) Grenznutzens aller Güter bei jedem Wirtschaftenden für jedes Gut — mit Hilfe des Mathematikers Antoine Paul Piccard[37] — Nachfragefunktionen eines jeden Gutes als Funktion aller Güter ab und entsprechend die Angebotsfunktionen für jedes Gut. Walras zeigt, wie aus dem Schnittpunkt der Angebots- und

[34] Augustin *Cournot:* Recherches sur les principes de la théorie des richesses. Paris 1838; deutsch: Untersuchungen über die mathematischen Grundlagen der Theorie des Reichtums. Jena 1924, S. XX, das Folgende S. 111, 114 f.

[35] Vgl. Robert E. *Kuenne:* The Theory of General Economic Equilibrium. Princeton 1963, S. 118 Fußnote 58.

[36] Zitiert nach William *Jaffé:* Unpublished Papers and Letters of Leon Walras. In: Essays on Walras (Fn. 28), S. 25.

[37] Vgl. Correspondence of Léon Walras and related papers, edited by William Jaffé, Vol. 1, Amsterdam 1965, S. 308-311; zu *Walras* Hilfeersuchen an Mathematiker vgl. *Jaffé* (Fn. 28), S. 83, 90, 275-277.

Nachfragefunktionen sich ein Gleichgewicht definieren läßt, das allerdings nicht die absolute Preishöhe bestimmt, sondern nur Tauschverhältnisse. Diese werden zu absoluten Preisen erst bei Wahl eines der betrachteten Güter als allgemeinem Wertmaßstab (Standardgut), als „numéraire"[38].

Walras formuliert ein Gesetz des effektiven Angebots und der effektiven Nachfrage („la *loi de l'offre et de la demande effectives*, ou *loi d'établissement des prix de l'équilibre*"). Danach müsse, um den Gleichgewichtspreis zu erreichen, eine größere effektive Nachfrage als das effektive Angebot zu diesem Preis den Preis erhöhen, ein größeres effektives Angebot den Preis erniedrigen. Dieser Mechanismus des Steigens und Fallens der Preise, verbunden mit der von Walras behaupteten Tatsache des Abwanderns von Unternehmern aus Verlust-betrieben zu Gewinnbetrieben sei nichts anderes als eine Art Auflösung durch einen Tastprozeß für das System der Gleichungen zur Gleichheit von Angebot und Nachfrage („un mode de résolution par tâtonnement du système des équitions d'égalité de l'offre et de la demande"). Dieses Gesetz der Errichtung des Gleichgewichtszustandes habe er am Wirken der Konkurrenz in einem gut organisierten Markt wie der Pariser Börse für Rentenwerte zu beschreiben versucht[39]. Für den erfahrungswissenschaftlichen Gehalt der allgemeinen Gleichgewichtsanalyse bildet natürlich die Lehre von der Errichtung des Gleichgewichtszustandes das ausschlaggebende Problem.

Bei einer Modellbetrachtung der Börse können Tauschhandlungen zu Nicht-Gleichgewichtspreisen ausgeschlossen werden, wenn vereinfachend nur die Tageskursfeststellung durch einen amtlichen Makler oder „Auktionator" beachtet, Geld und Briefnotierung weggelassen werden. Dem Auktionator sind dabei die „Wirtschaftspläne" der Marktteilnehmer, d.h. ihre individuellen Nachfrage- oder Angebotsfunktionen, einzureichen. Aus diesen errechnet der Auktionator den markträumenden Preis, sofern ein solcher existiert. Nur im Hinblick auf die Errechnung eines Gleichgewichtspreises durch einen gedachten Auktionator können alle Marktteilnehmer rationale, aber einflußlose Mengen-anpasser sein. In einer Lehre vom Herantasten an einen Gleichgewichtspreis über unternehmerische Arbitragehandlungen, wie sie Walras auch beschreibt[40],

---

[38] Vgl. *Walras* (Fn. 9), S. 119.

[39] Vgl. *Walras* (Fn. 9), S. 64f., 130, sowie S. XV: „le mécanisme de la hausse et de la baisse des prix sur le marché, combiné avec le fait du détournement des entrepreneurs des entreprises en perte vers les entreprises en bénéfice, n'est rien autre chose qu'un mode de résolution par tâtonnement des équations de ces problèmes"; zur Börse S. 45-47. Ausdrücklich von einem „secretary of the market" wird erst gesprochen bei H. *Uzawa:* Walras' Tâtonnement in the Theory of Exchange. In: Review of Economic Studies, Vol. 27 (1959/60), S. 182-194, hier S. 184, von einem „auctioneer" bei *Arrow / Hahn* (Fn. 22), S. 266.

[40] Vgl. *Walras* (Fn. 9), S. 115-121; vgl. näher *Jaffé*'s Anmerkungen S. 515, 573f. in der von ihm besorgten englischen Ausgabe: Léon Walras: Elements of Pure Economics. London 1954, sowie Michio *Morishima:* Walras' Economics: A pure Theory of Capital and Money. Cambridge u. a. 1977, S. 18f., 32. Eine erste klare Darstellung einer Arbitrage

ist das Ausklammern von Tauschhandlungen zu Preisen, die keine Gleichgewichtspreise sind, logisch nicht möglich. Arbitragen setzen Geschäftsabschlüsse
zu „Ungleichgewichtspreisen" voraus; denn nur dadurch entstehen Arbitragegewinne (Unternehmergewinne). Begrifflich sind dann zugleich nicht mehr alle
Marktteilnehmer Mengenanpasser, von denen keiner den Preis beeinflussen
kann.

Aber dieser Schönheitsfehler verblaßt gegenüber den katastrophalen Folgen
aus Käufen und Verkäufen zu Nicht-Gleichgewichtspreisen für Walras' Lehre
von der Errichtung eines Gleichgewichtszustandes: Wird zu Nicht-Gleichgewichtspreisen getauscht, dann ändert mit jeder dieser Tauschhandlungen zu
Nicht-Gleichgewichtspreisen das als numéraire gewählte Gut seinen Wert zu
den anderen, zu Nicht-Gleichgewichtspreisen getauschten Gütern, und es
entstehen „Einkommenseffekte"[41]. Daraus folgt, daß ein in Märkten als
Institutionen über Arbitragehandlungen erreichtes Gleichgewicht, falls es
überhaupt zustande kommt, nur zufällig jenes sein könnte, was aus dem
simultanen mathematischen Gleichgewichtssystem „par tâtonnement" errechnet wird.

Für Marktgleichgewichte mit Produktion drückt sich Walras von Anfang an
vor einer Erklärung, wie der Tastprozeß zum Gleichgewicht aussehen soll. Zwar
schreibt er, Unternehmer benutzen „bons", also eine Art von Vorkaufsrechten
bzw. kostenlosen Optionen, um die Mengen der Produkte provisorisch festzule-
gen. Erst im Gleichgewicht würden die „bons" zu Tauschhandlungen bewirken-
den Verträgen. Aber Walras klammert dabei den Sachverhalt aus, durch den
sich ein Marktgleichgewicht mit Produktion von einem reinen Tauschgleichgewicht unterscheidet: daß Produktion Zeit erfordert. Vermutlich hat er erkannt,
daß bei Zeit beanspruchender Produktion das System der „bons" scheitern muß,
weil erst fertiggestellte Erzeugnisse auf einem Markt auf Nachfrage stoßen
werden und ein Marktgleichgewicht verwirklichen können.

Ab der 2. Auflage scheint Walras schon beim Tauschgleichgewicht die Absicht
zu einer Lehre von der empirischen Errichtung eines Gleichgewichtszustandes
über Anpassungen par tâtonnements aufzugeben zugunsten einer nur methodi-
schen Vereinfachungsannahme, die ihm „pour un moment" anzunehmen
erlaube, Angebot und Nachfrage seien Funktionen nur des Preises allein des
gerade betrachteten Gutes[42]. Damit wird das Tauschgleichgewicht als Erklä-

zum Gleichgewicht findet sich bei Irving *Fisher:* Mathematical Investigations in the
Theory of Value and Prices (1892). New Haven 1925, S. 35-54. Sein hydrostatisches
Modell setzt ausdrücklich ein *exogen* vorgegebenes numéraire voraus.

[41] „endowment effects" nach Peter *Newman:* The Theory of Exchange. Englewood
Cliffs 1965, S. 94; vgl. hierzu auch William *Jaffé:* Walras' Theory of *Tâtonnement*: A
Critique of Recent Interpretations. In: Journal of Political Economy, Vol. 75 (1967), S. 1-
19; wiederabgedruckt in: Essays (Fn. 28), S. 221-243, hier S. 223.

[42] Vgl. *Walras'* Brief an *Pantaleoni* vom 2. September 1889. In: Correspondence of
Léon Walras (Fn. 37), Vol. 2, S. 343-347, hier S. 345, sowie im einzelnen William *Jaffé:*

rungsmodell hinfällig. Erst recht gilt die Nicht-Erklärung für das angenommene Zustandekommen von Gleichgewichtspreisen für eine Modellwelt mit Produktion oder gar mit Kapitalbildung. Aber fast alle anderen Aussagen aus der ersten Auflage zu den tâtonnements als Erklärungsmodell bleiben stehen, z. B. daß für ein Produktionsgleichgewicht dieselben Probleme aufträten wie für das Tauschgleichgewicht, für das eine theoretische Lösung schon gegeben worden sei und das in der Praxis durch den Mechanismus der freien Konkurrenz gelöst werde; denn unter deren Herrschaft bewegten sich die Dinge von selbst auf einen Gleichgewichtszustand zu[43].

Walras verstärkt den Eindruck, mit der Lehre von den tâtonnements einen Prozeß zur Errichtung des Gleichgewichtszustandes zu beschreiben, in seinen Ausführungen zum kontinuierlichen Markt, für den er behauptet, von der Statik zur Dynamik überzugehen. Dieser kontinuierliche Markt tendiere ständig zum Gleichgewicht, ohne dieses jemals zu erreichen, weil es keinen anderen Weg zur Annäherung an das Gleichgewicht gebe als par tâtonnement, und bevor dieses Ziel erreicht werde, hätten sich in der Zwischenzeit alle Daten, wie Anfangsausstattung, Nutzenschätzungen, Produktionskoeffizienten usw. verändert.

Damit wird auch in der endgültigen Fassung der 4. Auflage ein tâtonnement als dynamischer, Zeit beanspruchender Tastprozeß verstanden — im Widerspruch zu den Ausführungen über das Tauschgleichgewicht, denn: Wie können sich die Daten geändert haben, bevor das Gleichgewicht erreicht ist, wenn das tâtonnement zum Errichten eines Gleichgewichtszustandes als jenseits einer Kalenderzeitvorstellung angesiedeltes mathematisches Iterationsverfahren zur Lösung simultaner Gleichungen verstanden wird?

Diese zumindest oberflächliche Überarbeitung durch Walras macht verständlich, warum zahlreiche spätere Autoren schlossen, Walras beabsichtige mit seiner Lehre von den tâtonnements einen Beweis für eine „Tendenz zum Gleichgewicht". Er schließe also seinem Modell von der mathematischen Definition des Gleichgewichts eine „dynamische" Lehre von der Errichtung eines Gleichgewichtszustandes an. Diese Autoren kritisieren sein für diesen Zweck ungeeignetes Vorgehen und verfaßten mathematisch besser geeignete Lehren für einen konvergenten Prozeß.

Edgeworth[44] unterlief als erstem diese weitgehend von Walras verschuldete Fehldeutung der Lehre von den tâtonnements als dynamischem Konvergenz-

---

Another Look at Léon Walras's Theory of *Tâtonnement*. In: History of Political Economy, Vol. 13 (1981), S. 313-336, wiederabgedruckt in: Essays (Fn. 28), S. 244-266, hier S. 250.

[43] „Cet état d'équilibre de la production est, comme l'état d'équilibre de l'échange, un état idéal et non réel … Mais c'est l'état normal en ce sens que c'est celui vers lequel les choses tendent d'elles-mêmes sous le régime de la libre concurrence appliqué à la production comme à l'échange." *Walras* (Fn. 9), S. 194, das Folgende S. 369f.

[44] Vgl. F. Y. *Edgeworth:* The Mathematical Theory of Pure Economics. Buchbesprechung zu Léon Walras's Eléments d'économie politique pure. 2. Aufl. 1889. In: Nature,

prozeß zum Gleichgewichtszustand. Edgeworth stellt Walras' tâtonnements seine Lehre von den kostenlosen Rückkauf-Optionen, bis der Markt geräumt ist, gegenüber: recontracting. Neben Edgeworth sind u. a. Ausführungen von Pareto, Oskar Lange, Don Patinkin und Morishima Belege einer „dynamischen" Umwidmung der Lehre von den tâtonnements. Unter welch engen Voraussetzungen es bisher erst gelungen ist, einen konvergenten Prozeß zu einem Gleichgewicht zu beweisen, zeigen u. a. die Arbeiten von Franklin Fisher und Steve Smale[45].

Ladislaus von Bortkiewicz[46] hält Edgeworth hingegen eine rein „statische" Absicht von Walras entgegen und wird durch Walras brieflich darin bestätigt; später weisen Richard Goodwin und Arrow/Hahn darauf hin, daß Walras lediglich einen mathematischen Iterationsprozeß zur Lösung simultaner Gleichungen vorträgt. Jaffé deutet den Verzicht Walras', ab der 2. Auflage auch für das Tauschgleichgewicht eine Errichtung des Gleichgewichts theoretisch beweisen zu wollen, als einen Beleg für seine These vom „normative bias" in Walras' Modell.

Treffender dürfte sein, hier von einer Fehlintuition in der 1. Auflage zu sprechen (ein mathematisches Iterationsverfahren wird als strukturgleiches Abbild eines dynamischen, Zeit erfordernden Anpassungsprozesses mißverstanden) und von einer nachträglichen Sicherung logischer Wahrheit unter Aufgabe des erfahrungswissenschaftlichen Gehalts im Modell des Tauschgleichgewichts, wobei die Nichtlösung schon dieses einfachsten Falles bei den schwierigen Marktgleichgewichten mit Produktion bzw. auf einem kontinuierlichen Markt verschleiert wird durch Rückverweise auf eine angeblich schon vortragende Lösung. Damit liegt auf der Hand, welches der Urteile über Walras' Lehre von den tâtonnements in den letzten Jahrzehnten zutrifft: Don Patinkins „one of his most imaginative and valuable contributions to economic analysis" oder Robert Solows „the famous *tâtonnements*, by the way, are a swindle, rigorously speaking, and I suspect Walras knew it"[47].

Vol. 40 (1889), S. 434-436; *ders.:* Papers Relating to Political Economy. London 1925, Vol. II, S. 311 f.; zu den weiteren Quellen vgl. *Jaffé* (Fn. 42), S. 257 ff.

[45] Vgl. Franklin M. *Fisher:*: A Non-Tâtonnement Model with Production and Consumption. In: Econometrica, Vol. 44 (1976), S. 907-938; Steve *Smale*: A Convergent Process of Price Adjustment and Global Newton Methods. In: Journal of Mathematical Economics, Vol. 3 (1976), S. 107-120; *ders.:* Dynamics in General Equilibrium Theory: The American Economic Review, Vol 66 (1976), Papers and Proceedings, S. 288-294. Vgl. auch Ulrich *Witt:*: Marktprozesse. Königstein 1980, S. 94-107.

[46] Vgl. Ladislas *Bortkévitch:* Buchbesprechung zur zweiten Auflage von Léon Walras: Eléments d'économie pure. In: Revue d'économie politique. Tome 4 (1890), S. 80-86; zu den weiteren Quellen vgl. *Jaffé* (Fn. 42), S. 260, sowie S. 246 mit Verweis auf *ders.:* The Normative Bias on the Walrasian Model: Walras versus Gossen. In Quarterly Journal of Economics, Vol. 91 (1977) S. 371-387; wiederabgedruckt in: Essays (Fn. 28), S. 326-343.

[47] Don *Patinkin:* Money, Interest and Prices. Evanston 1956, S. 337; Robert *Solow:* Buchbesprechung zu Léon Walras' Elements of Pure Economics, translated by William Jaffé. In: Econometrica, Vol. 24 (1956), S. 87-89, hier S. 88.

2. Allgemeine Gleichgewichtsanalyse als naturrechtliche Anmaßung einer Einheit von Sein und Sollen

a) Die Syntax für einmalige markt-räumende Preise und die Semantik eines Gleichgewichtszustandes bei naturrechtlichen Preisen

Die Definition eines Gleichgewichts und die Lehre von der Errichtung eines Gleichgewichtszustandes erheben einen unterschiedlichen Erkenntnisanspruch. Deutlicher als Walras ist hier z. B. Wicksteed: „In the higgling of the market the price *emerges* as the result of the play of a conflict between buyers and sellers as such, which is not relevant to the ultimate facts and forces which *constitute* that price"[48]. Bei der Lehre von der „Bestimmung" (Definition) des Gleichgewichts geht es also um das Erkennen von „Wesenszusammenhängen" (ultimate facts and forces). Diese „essentialistische" Erkenntnissicht wird durch die Lösung des simultanen Gleichungssystems als erreicht angesehen.

Trotz vielfacher Ermahnungen oder gegenteiliger Versicherungen wird das a-zeitliche („statische") Modell der mathematischen Gleichgewichtsdefinition in der Semantik der Symbole insgeheim doch als stationärer, kalenderzeitbeanspruchender „Gleichgewichtszustand" begriffen: Nichts zeigt dies deutlicher als die verbalen Definitionen von wirtschaftlichem Gleichgewicht; neben Walras: „il y a *état stationnaire* ou *équilibre* du marché" z. B. Pareto: „L'équilibre économique est l'état qui se maintaindrait indéfini monte s'il n'avait aucun changement les conditions dans lesquelles on l'observe"[49].

Die Walras' a-zeitlichem mathematischen Symbolismus entgegenstehende Semantik vom Gleichgewicht als dauerhaften, sich selbst regulierenden bzw. reproduzierenden Prozeß entsteht durch eine Übernahme der Vorstellung bei Turgot (Fn. 1) und bei Adam Smith (Fn. 29): daß ein mechanisches Gleichgewicht die Höhe „natürlicher Preise" definiere, während die „durch Angebot und Nachfrage bestimmten Marktpreise" darum schwanken bzw. auf die natürlichen Preise hin „gravitieren". Dem jenseits einer Kalenderzeit-Vorstellung angesiedelten mathematischen Gleichungssystem wird somit eine nicht vom Modell gedeckte Semantik unterschoben.

Daran ändern bisher Beweise für die Stabilität eines Gleichgewichtszustands wenig; denn auch in den „dynamischen" Stabilitätsuntersuchungen von Samuelson bis Arrow/Hahn wird ein über alles Wissen der Marktteilnehmer verfügender „Auktionator" benötigt, der einen Gleichgewichtspreis errechnet. Dabei wird z. B. ein beliebiges Ungleichgewicht als Ausgangssachverhalt behauptet, in

---

[48] Philip H. *Wicksteed:* The Common Sense of Political Economy (1910); 2. Auflage, London 1933 (Nachdruck 1957), S. 516.

[49] *Walras* (Fn. 9), S. 46; *Pareto:* Manuel (Fn. 25), S. 153; ähnlich Alfred *Marshall:* Principles of Economics (1890), 8. Aufl. Cambridge 1920, S. 347 mit dem Zusatz „if the general conditions of life were stationary for a run of time long enough to enable them all to work out their full effect."

welchem gleichwohl nur ein einziger Preis mit einer einzigen Überschußnachfrage besteht, wobei in jedem weiteren Zeitpunkt nur ein Preis ausgerufen wird, dennoch der Plan eines jeden Marktteilnehmers sein Gleichgewichtsplan bleibt und ein Tausch selbst erst im Gleichgewicht erfolgt[50]. Damit wird die Definition des Gleichgewichts nur durch eine Definition eines Pfades vom Ungleichgewicht zum Gleichgewicht ersetzt, aber keine Semantik geboten, die testbare Hypothesen abzuleiten erlaubt, daß und wie beobachtbare Marktpreise zu natürlichen Preisen (Gleichgewichtspreisen) hin „gravitieren".

Statt von natürlichen Preisen sollte man freilich besser von *naturrechtlichen Preisen* sprechen. In naturrechtlichen Quellen treffen sich die Vorstellungen der nicht-mathematischen Lehre von Adam Smith und seinen Vorläufern bis zu Pufendorf, und die Wert- und Preislehre bei Walras, die dieser über seinen Vater August Walras auf den Genfer Naturrechtslehrer Jean Jacques Burlamaqui (1694-1748) zurückführt, dessen Kapitel über die Preise der gehandelten Sachen und Dienste eine systematische Wiedergabe von Pufendorfs Lehre darstellt[51].

Walras will ein naturrechtliches Preissystem herleiten, allerdings aus einer anderen Wertlehre als Adam Smith: an die Stelle von Arbeitswerten treten Grenznutzen. Doch damit wird nur der Anschein erweckt, als erfolge eine Theorienbildung ausgehend von einzelnen wirtschaftenden Menschen. Walras hat dies klarer als die heutigen Vertreter der Gleichgewichtstheorie beschrieben: Werde ein Gleichgewicht vorausgesetzt, könne man vom Unternehmer abstrahieren. Damit wird von menschlichem Handeln im Grunde völlig abgesehen; denn unter Unsicherheit, also in der Realität, — so müßte Walras ergänzt werden — ist *jedermann* Unternehmer seines Wissens, seiner Arbeitskraft und seines Vermögens. Letztlich werden nach Walras lediglich Faktor-Nutzungsabgaben (les services producteurs) gegeneinander getauscht. Folglich gilt „à l'état d'équilibre de la production, les entrepreneurs ne font ni bénéfice ni perte". Unternehmer leben nach Walras im Gleichgewicht nicht von ihrer Unternehmertätigkeit, sondern als Landeigentümer, Arbeiter oder Kapitalisten[52].

---

[50] Vgl. Paul Anthony *Samuelson:* Foundations of Economic Analysis. Cambridge 1947. 7th printing 1963, S. 258-268; sowie die Kritik und Weiterführung bei *Arrow/Hahn* (Fn. 22), Kap. 10, 11, bes. S. 320-322.

[51] Vgl. Samuel *von Pufendorf:* De officio hominis et civis juxta legem naturalem libri duo, 1673: englisch: The Two Books on the Duty of Man and Citizen According to the Natural Law. Cambridge 1682, reprinted New York — London 1964; (Jean-Jacques) *Burlamaqui:* Elémens du droit naturel (1774); Nouvelle édition, Paris 1820; zu Einzelheiten vgl. William *Jaffé:* Léon Walras's Role in the „Marginal Revolution" of the 1870s. In: History of Political Economy, Vol. 4 (1972), S. 379-405; wiederabgedruckt in: Essays (Fn. 28), S. 299-310, hier S. 297f.

[52] *Walras* (Fn. 9), S. 195. Dennoch betont *Morishima* (Fn. 40), S. VIII, 73, 125, daß *Walras* eine Vier-Klassen-Sicht der Gesellschaft verfolge, in der im Unterschied zu *Marx* Unternehmer und Kapitalist getrennt seien. Zwar trennt *Walras* (Fn. 9), S. 191, den Unternehmer begrifflich vom Landeigentümer, Arbeiter und Kapitalisten, weil dieser von jenen Land, Arbeit, Kapital entleihe, um deren Nutzungsabgaben zu kombinieren. Aber *Morishima*s Behauptung über eine selbständige Klasse von Unternehmern bei *Walras*

Das volkswirtschaftliche Aggregat-, oder sagen wir deutlicher: „Klassen"-Denken, übernommen aus der merkantilistischen Außenhandelsbilanz-Gleichgewichtsvorstellung (Fn. 16), ist in den Lausanner Standardwerken der „Mikroökonomie" nicht überwunden: Walras' Lehrstuhlnachfolger Pareto hat, um einer drohenden empirischen Gehaltlosigkeit des gemeinsamen Forschungsprogramms vorzubeugen, diese a-mikroökonomische Sicht noch verstärkt: Er betont, daß die Wirtschaftstheorie, wie er sie verstehe, nur Massenerscheinungen (Durchschnittsphänomene) erklären könne: „Les actions des hommes présentent des *uniformités*, qui constituent des *lois naturelles*"[53]. Diese Sicht kommt im Hinblick auf den erfahrungswissenschaftlichen Gehalt einem Verzicht auf methodologischen Individualismus nahe. Daran ändert auch die Modellbildung bei Arrow/Debreu und Hahn nichts.

Deshalb stimmt es gar nicht, daß walrasianische Gleichgewichtssysteme eine *mikro*-ökonomische Theorie liefern. Statt dessen bieten sie lediglich hinter Symbolik verborgene Auferstehung des klassisch-nationalökonomischen „Klassen"- bzw. Aggregatdenkens: Nur-Makroökonomie, deren erfahrungswissenschaftliche Belanglosigkeit oder Bedeutung nicht zuletzt danach zu beurteilen ist, daß ihr eine einzelwirtschaftliche Grundlegung mangelt.

b) Das Problem des Normativen in der allgemeinen Gleichgewichtsanalyse

Walras versteht als „reine" Wirtschaftstheorie eine Theorie der Preisbestimmung unter dem hypothetischen Regime der vollständig freien Konkurrenz[54]. Doch entgegen seiner Trennung von reiner und angewandter Wissenschaft führt er später aus: Der hauptsächliche Gegenstand der Theorie des gesellschaftlichen Wohlstands bestehe darin, zu zeigen, daß durch den Tausch die Wirtschaftenden die größtmögliche Befriedigung ihrer Bedürfnisse erlangen. Man könne sagen, daß diese Behauptungen das Ganze der *reinen und angewandten* Wirtschaftstheorie umschließe.

Demzufolge entpuppt sich der jüngere Streit[55], ob Walras' Modell aus einem normativen Vorurteil zu erklären sei, als gekünstelt: Walras sah keinen

---

erscheint fragwürdig, weil im Gleichgewicht Unternehmer nicht als Unternehmer, sondern nur als Arbeitnehmer, Landeigentümer oder Kapitalisten Einkommen erzielen. Die „vision of the four-class society" durch „the negation of Say's law" ist die *Morishima*s (S. 132), nicht die von *Walras*.

[53] Vilfredo *Pareto*: Cours d'économie politique, Livre II, L'organisme économique. Lausanne 1896, 1897. Nachdruck Genf 1964, S. 397.

[54] „L'*économie politique pure* est essentiellement la théorie de la détermination des prix sous un régime hypothétique de libre concurrence absolue". *Walras* (Fn. 9), S. XI; das Folgende S. 99 f.

[55] Vgl. *Jaffé:* The Normative Bias (Fn. 46); dagegen Donald A. *Walker:* Is Walras's theory of general equilibrium a normative scheme? In: History of Political Economy, Vol. 16 (1984), S. 445-469.

unvereinbaren Gegensatz zwischen erklärenden und normativen Theorien. Wer
ein *naturrechtliches* Preissystem beweisen will, für den wird eine Erklärung, von
dem was ist, und eine Gestaltung, von dem was sein soll, unmerklich ineinander
übergehen: das zweite Merkmal für den harten Kern des Forschungsprogramms
allgemeine Gleichgewichtsanalyse (Text vor Fn. 14).

Bemerkenswerterweise hat Pareto, mit dessen Namen heute die normative
Deutung eines Konkurrenzgleichgewichts verbunden wird, als erster Unbeha-
gen an Walras' einheitlicher Sicht von erklärender und normativer „reiner"
Wirtschaftstheorie geäußert.

In einem Brief an Pantaleoni vom 19. 12. 1908 schreibt Pareto, er könne nicht
mit Walras übereinstimmen, daß die reine Wirtschaftstheorie demonstriere, wie
es sein solle. Er fände es unstatthaft zu untersuchen, was sein soll, statt was ist[56].
Nur wenige Monate später entfesselt Max Weber auf der Wiener Tagung des
Vereins für Socialpolitik den Werturteilsstreit[57].

Vor einem Urteil darüber, ob die allgemeine Gleichgewichtsanalyse Ziele
erklärender oder normativer Theorienbildung verfolge, sollte eine Verständi-
gung darüber erfolgen, ob Entscheidungsmodelle unter erklärender oder unter
normativer Theorie einzuordnen sind. Unstreitig ist jedes Planungsgleichge-
wicht für den einzelnen Wirtschaftenden ein Entscheidungsmodell, und das
generelle Gleichgewicht als „Koordination" sämtlicher Planungsgleichgewichte
muß, soweit ein Pareto-Optimum bewiesen wird, in gleicher Weise als Entscheidungsmodell eingestuft werden.

Dem überwiegenden Sprachgebrauch folgend werden Entscheidungsmodelle
als normative, auf Handlungsempfehlungen gerichtete Aussagen verstanden.
Aber zumindest einzelne Wissenschaftstheoretiker lehnen es ab, bei Entscheidungsmodellen von normativen Theorien zu sprechen, sondern behaupten: In
Entscheidungsmodellen erfolge keine normative Aussage, sondern darin werde
eine praktische Notwendigkeit beschrieben: Wenn jemand sich nicht so verhalte,
erreiche er sein Ziel nicht[58]. Die Redeweise von einer „praktischen Notwendigkeit" erscheint schon deshalb fragwürdig, weil täglich neue Entscheidungen nur
bei beschränkter Information und unter Ungewißheit mit modellmäßig ange-
nommenem gegebenem Informationsstand erfolgen. Hier kann man schlecht

---

[56] „Per riguardi personali non ho mai detto che dal Walras ho solo preso il concetto dell'
equilibrio economico in *un caso particolare*; che non accetto in nessun modo il suo modo
metafisico di trattare la scienza; ... che non ammetto che l'economia pura *dimostri* come
debbone seguire i fatti, mentre è l'inverso; che non accetto di studiare ciò che *deve* essere,
ma che invece studio ciò che è." Vilfredo *Pareto*: Lettere a Maffeo Pantaleoni. 3 Bände,
hrsg. von G. de Rosa, Rom 1960, Band 3, S. 121.

[57] Max *Weber*: Diskussionsbeitrag. In: Verhandlungen des Vereins für Socialpolitik in
Wien 1909. Leipzig 1910, z. B. S. 582-584.

[58] Vgl. Reinhard *Kamitz*: Dieter Schneider und das Problem einer werturteilsfreien
Betriebswirtschaftslehre. Eine kritische Analyse. In: Die Betriebswirtschaft, 45. Jg. (1985),
S. 308-321 und meine Erwiderung, S. 357-360.

von einer „praktischen Notwendigkeit" sprechen, um sein Ziel zu erreichen. Die Notwendigkeit besteht nicht „praktisch" im Sinne von empirisch bzw. von Außenstehenden beobachtbar, sondern nur subjektiv, im Hinblick auf den in das Modell einfließenden Wissensstand eines Entscheidenden.

Wenn der Sprachregelung gefolgt wird, Entscheidungsmodelle als Bestandteil normativer Theorien einzuordnen, dann könnte erfahrungswissenschaftlicher Gehalt der allgemeinen Gleichgewichtsanalyse dann zuerkannt werden, wenn sie einen Beweis für die Überlegenheit bzw. Effizienz einer konkurrenz- bzw. marktwirtschaftlichen Ordnung gegenüber alternativen Wirtschaftsordnungen erbringen könnte.

Die Effizienz einer marktwirtschaftlichen Ordnung zu beweisen ist ein erklärtes Ziel bei Arrow und Hahn (Fn. 22), das im folgenden erörtert wird.

3. Beweist die allgemeine Gleichgewichtsanalyse die Effizienz einer marktwirtschaftlichen Ordnung?

a) Können im Arrow/Debreu-Modell Menschen Wirtschaftspläne aufstellen?

Der Existenzbeweis für „Gleichgewichtspreise" gemäß der „klassischen Form durch Arrow und Debreu" (Fn. 10) baut auf folgender Interpretation der Marktteilnehmer und Marktgegenstände (Güter) auf:

Ausgangspunkt sei eine Gemeinschaft von Menschen, die als „Haushalte" (Konsumenten) und „Unternehmungen" (Produzenten) bezeichnet werden. Jeder Haushalt und jede Unternehmung besitze Wissen über jede Ware und Dienstleistung, die in physischer, zeitlicher und räumlicher Hinsicht vollständig beschrieben sei. Hinzu trete unter Ungewißheit ein künftiges Ereignis, „dessen Eintreten Bedingung für die Übertragung des Gutes ist. Diese neue Definition eines Gutes erlaubt es, eine von jedem Wahrscheinlichkeitsbegriff freie Theorie der Unsicherheit zu entwickeln, die formal mit der Theorie der Sicherheit identisch ist"[59]. Für jeden solchen bedingten Anspruch (contingent claim) existiere ein vollkommener Markt. Das Marktsystem gilt damit im Hinblick auf die „Versicherbarkeit" gegenüber allen Folgen einer unsicheren Zukunft als „vollständig".

Zwar herrscht in einer Arrow/Debreu-Modellwelt ausdrücklich keine „vollkommene Voraussicht"[60], wohl aber „vollständige Gewißheit über die Unge-

---

[59] *Debreu* (Fn. 23), S. 119, S. 41; vgl. auch *Arrow* (Fn. 14), S. 263-267. Die folgende Darstellung und Kritik beruhen auf Dieter *Schneider:* Modell-Platonismus in der Kapitalmarktgleichgewichtstheorie. In: Modelle in der Betriebswirtschaftslehre, hrsg. von Reinhard H. Schmidt, Gabriel Schor. Wiesbaden 1987, S. 159-196, bes. S. 172-181.

[60] Diese u.a. von J.R. *Hicks:* Gleichgewicht und Konjunktur. In: Zeitschrift für Nationalökonomie, Band IV (1933), S. 441-455, hier S. 445, vertretene Auffassung wurde von Oskar *Morgenstern:* Vollkommene Voraussicht und wirtschaftliches Gleichgewicht. In: Zeitschrift für Nationalökonomie, Band VI (1935), S. 337-357, bes. S. 343-345, als in

wißheit". Sie besagt, daß das ex post Verwirklichte nicht von dem abweichen kann, was ein Planaufsteller ex ante in seinen rationalen mehrwertigen Plan aufgenommen hat. Der Planende weiß nur nicht, welche der in seinem Plan enthaltenen Zukunftslagen eintreten wird. Vor allem aber ist sicher, daß andere Marktteilnehmer über Erfahrungstatbestände und Zukunftslagen nur dasselbe wissen wie er.

Durch die Redeweise von Haushalten und Unternehmungen bzw. von „Wirtschaftssubjekten" erwecken Arrow und Debreu den Eindruck, ihr Modell beschäftige sich mit Menschen oder wenigstens mit deren Konsumplänen und Produktionsplänen. Das trifft nicht zu.

In diesem Modell wird vielmehr jeder Mensch zerlegt in einen Konsumplan, der von dem Produktionsplan desselben Menschen völlig unabhängig ist (die Schnittmenge zwischen Haushaltspräferenzen und Unternehmungstechnologien muß leer sein): „Ein Individuum, das ein Haus, ein Auto ... zum eigenen Gebrauch kauft und später wieder verkauft, spielt eine zweifache Rolle: die eines *Produzenten*... und die eines *Konsumenten*.... Der Fall, in dem die Produktionsmenge eines Produzenten von den Produktionsplänen der anderen Produzenten (und / oder den Konsumplänen von Konsumenten) abhängt", werde durch die Analyse nicht erfaßt[61].

Doch wie soll ein Handwerker oder Unternehmensberater seinen Wirtschaftsplan aufstellen, wenn

(a) in seinem Konsumplan zwar Arbeitszeiteinheiten (mit negativen Vorzeichen) und Wünsche hinsichtlich bedingter Ansprüche auf Sachen und Dienstleistungen (mit positiven Vorzeichen) aufgeführt sind und

---

sich widersprüchlich zurückgewiesen, wobei er auf sein Sherlock-Holmes-Moriarty Beispiel aus *ders.:* Wirtschaftsprognose. Wien 1928, S. 98, zurückgriff.

[61] *Debreu* (Fn. 23), S. 63f.; 61 und 90. Wie wenig das Problem bisher gelöst ist, die Annahme einer leeren Schnittmenge zwischen „Produzenten" und „Konsumenten" zu lösen, dazu vgl. Lionel W. *McKenzie:* The Classical Theorem on Existence of Competitive Equilibrium. In: Econometrica, Vol. 49 (1981), S. 819-841, hier S. 838f.

Dementsprechend betont Oskar *Morgenstern:* Thirteen Critical Points in Contemporary Economic Theory: An Interpretation. In: The Journal of Economic Literature, Vol. 10 (1972), S. 1163-1189, hier S. 1172: In der Walrasianischen Theorie „it is *forbidden*... that consumers and producers cooperate with each other to increase their advantages ... The truly interesting cases are those where cooperation takes place", einen Gesichtspunkt, den nicht-walrasianischen Gleichgewichtssysteme zu berücksichtigen suchen, ohne allerdings zur Lösung des im folgenden Text angeschnittenen Problems bislang vordringen zu können.

Zum unbefriedigenden Stand der Theorie der Unternehmung in der allgemeinen Gleichgewichtsanalyse vgl. Kenneth J. *Arrow:* The Firm in General Equilibrium Theory. In: The Corporate Ecconomy, hrsg. von Robin Marris and Adrian Wood. London usw. 1971, S. 68-110, bes. S. 70; Jacques H. *Drèze:* (Uncertainty and) The Firm in General Equilibrium Theory. In: Conference Papers. Supplement to the Ecconomic Journal, Vol. 95 (1985), S. 1-20.

(b) in seinem Produktionsplan ein bestimmter Umfang an eigenen Arbeitszeit-einheiten verbunden mit anderen bedingten Ansprüchen eine bestimmte (genau beschriebene!) Menge an bedingten Ansprüchen auf Waren und Dienstleistungen vollbringt und zugleich

(c) vorausgesetzt wird, dieser Produktionsplan und jener Konsumplan ein und desselben Menschen dürfen kein einziges Element gemeinsam haben?

Im Grunde wird hier unterstellt, daß auch innerhalb eines einzelnen Menschen, d. h. zwischen seinem Konsumplan und seinem Produktionsplan, wie zwischen allen anderen Konsum- und Produktionsplänen, ein System vollkommener Märkte eingeschaltet ist mit seinen mathematisch bewiesenen Separationseigenschaften: Die Produktions- bzw. Investitionsentscheidungen erfolgen über „Marktgleichgewichtspreise" getrennt von den Konsumentschei-dungen; Art und Umfang der risikobehafteten Investitionen ist vollständig über „Gleichgewichtstauschverhältnisse" getrennt von der persönlichen Risikobe-reitschaft usw.

Doch mit der Annahme einer marktmäßigen Getrenntheit zwischen Konsum-plänen und Produktionsplänen ein und desselben Menschen wird die exogene Vorgabe von Präferenzen und Technologien zur Farce: Menschen können für sich als „Wirtschaftseinheit" gar keinen optimalen Wirtschaftsplan aufstellen. Das können sie erst, nachdem sie das Ergebnis der marktmäßigen Gleichge-wichtslösung kennen.

Bei Arrow und Debreu wird die Abhängigkeit eines Konsumplans von irgendeinem Produktionsplan als „externer Effekt" bezeichnet. Da gemeinhin externe Effekte als Kennzeichen von „Marktversagen" gelten, folgt, daß der Sachverhalt, weshalb Menschen einen *einheitlichen* Wirtschaftsplan aufstellen, um auf Märkten zu handeln (z. B. sie erstellen Leistungen, damit sie konsumie-ren können), in diesem Modell, das die Effizienz eines marktwirtschaftlichen Systems beweisen will, als „Marktversagen" erscheint (Fn. 6).

Das „Wirtschaftssubjekt" im Gleichgewichtsmodell ist also weder ein Mensch noch eine Menschengruppe (kein Haushalt, keine Unternehmung im umgangs-sprachlichen Sinne), die einen einheitlichen Willen hat und ihren Nutzen maximieren will, wie Lehrtexte fälschlich gutgläubigen Studenten vortäuschen, sondern in diesem Modell für einen „Koordinationsmechanismus" sind die zu koordinierenden Konsum- und Produktionspläne nur Rechnungen fiktiver Automaten: eine Folge der aus der Mechanik entlehnten Problemlösungsidee dieses Forschungsprogramms.

b) Wird eine „Ökonomie mit Privateigentum" beschrieben?

Ökonomien mit Privateigentum werden bei Debreu[62] so erläutert: „Bei diesen besitzen die Konsumenten die Ressourcen und kontrollieren die Produzenten.

---

[62] *Debreu* (Fn. 23), S. 91.

8*

Bei gegebenem Preissystem maximiert jeder Produzent seinen Gewinn, der an die Konsumenten, die zugleich Anteilseigner sind, verteilt wird. Damit ist das Vermögen der Konsumenten festgelegt und sie maximieren ihre Präferenzen unter ihrer Vermögensbeschränkung."

Indes haben walrasianische Gleichgewichtsmodelle mit der Vorstellung von Privateigentum im Rechtssinne kaum etwas gemeinsam. Das Arrow/Debreu-Modell verlangt, um über bedingte Ansprüche sämtliche Risiken zu „versichern", die Existenz vollkommener und vollständiger Kapitalmärkte (d. h. Märkte für Verfügungsrechte), in denen es gleichgültig ist, wer das Eigentum an Produktionsmitteln besitzt, und zumindest Mc Kenzie (Fn. 61) verlangt vollkommene und vollständige Arbeitsmärkte, insbesondere vollkommene Manager- bzw. Unternehmermärkte.

Schon dies belegt, wie leichtfertig Debreus Behauptung ist, sein Modell „erklärt die Preise aller Güter und die Aktionen aller Wirtschaftssubjekte in einer Ökonomie mit Privateigentum". Zugleich trifft nicht zu die allgemeine Gleichgewichtsanalyse (bzw. Morishimas Rekonstruktion von Walras' Werk) als Modell zu bezeichnen, „by the use of which we can examine how the capitalist system works"[63]. Ein walrasianisches Gleichgewicht trifft eine ideal-kommunistische Wirtschaft, in der jeder nach seinen Bedürfnissen entlohnt wird (soweit es die Knappheiten in der „Ökonomie" zulassen), mindestens so gut wie eine „ideal-kapitalistische", die eine über vollkommene Kapital- und Managermärkte „koordinierte" Trennung von Eigentum und Verfügungsmacht kennt. Zu Recht hat einer der glühendsten Anhänger der allgemeinen Gleichgewichtsanalyse später (aber leider nur an verborgener Stelle) erklärt: Die Theorie des allgemeinen Gleichgewichts sei keine Tatsache einer Marktwirtschaft oder befürwortenswerte Wunschvorstellung, sondern der einzige Weg zu einer rationalen Theorie der Planung und des Sozialismus[64].

An den genannten, keineswegs vollständig aufgeführten Mängeln in der Semantik für die Symbole allgemeiner Gleichgewichtsmodelle zeigt sich der grundlegende Unterschied zwischen

— einerseits der Arbeitsweise eines Naturwissenschaftlers, der z. B. wie Newton über 20 Jahre wartet, ehe er seine Gravitationsgleichungen veröffentlicht, weil die von ihm durchgeführten Messungen (also die empirische Bestätigung für die gewählte Semantik der Symbole) zunächst gegen seine Theorie sprechen, und

— andererseits einem Nobelpreisträger der Wirtschaftswissenschaften, der behauptet: Sobald das Preissystem und die Werteinheit an einem Ort in jeder Periode „gegeben sind, dann sind für jede Periode und für jeden Ort alle echten Preise, Löhne, Gehälter, Mieten, Fahrpreise ... alle Auf- und

---

[63] *Debreu* (Fn. 23), S. 91; *Morishima* (Fn. 40), S. 4.

[64] Vgl. Joseph A. *Schumpeter:* Robinson's Economics of Imperfect Competition. In: The Journal of Political Economy, Vol. 42 (1934), S. 249-257, hier S. 249.

Abzinsungsfaktoren, Zins- und Diskontsätze und alle Wechselkurse bestimmt"[65].

Wohlgemerkt: Auch alle Zinsen und Wechselkurse, also u. a. die Preise für die zeitweise Überlassung von Notenbankgeld, obwohl bei vollkommenen und vollständigen Kapitalmärkten jedes Notenbankgeld zu den jeweiligen Marktzinssätzen angelegt sein soll. Da dies bei allen Wirtschaftssubjekten der Fall zu sein hat (Kreditinstitute und Notenbank selbst eingeschlossen), soll ein allgemeines Gleichgewicht herrschen, ist ein in einem modellmäßig angenommenen Ausgangs- Ungleichgewicht vorhanden gewesenes Geld mit Eintritt des allgemeinen Gleichgewichts aus der Volkswirtschaft verschwunden. Selbst wenn wegen der Gefahr von Überraschungen (nicht planbarer Unsicherheit) im „Gleichgewicht" Kassenhaltung zugelassen wird: Die dann benötigte Geldmenge kann nur ein Bruchteil der zum Erreichen eines Gleichgewichts über Arbitragehandlungen notwendigen Geldmenge ausmachen. Walras kann seine „encaisse désirée" einzelner Konsumenten (die Nachfrage nach Zahlungsmitteln von Unternehmen wird nicht untersucht) nur deshalb ableiten, weil er von der Unsicherheit abstrahiert und Finanzmärkte nicht in sein Modell aufnimmt[66].

Nach einem fragwürdigen Einbeziehen eines sog. „Aktienmarktes" in die allgemeine Gleichgewichtsanalyse bei Arrow/Hahn[67] behauptet Hahn neuerdings (und m. E. zu Recht), „the Arrow-Debreu equilibrium ... could not account for money or a stock exchange"[68].

c) Allgemeine Gleichgewichtsanalyse als Lösungsbeitrag zum Problem· der Wirtschaftsordnung?

„Es war Adam Smith, der als erster die Notwendigkeit einer Erklärung erkannt hatte, warum" eine Volkswirtschaft, in der „eine enorme Zahl von

---

[65] *Debreu* (Fn. 23), S. 44.

[66] Vgl. *Walras* (Fn. 9), S. 305: näher dazu *Morishima* (Fn. 40), ab S. 130, sowie bes. S. 205 f. Zu den Schwierigkeiten, ein Gleichgewicht für eine Geldwirtschaft zu definieren, vgl. z. B. F. H. *Hahn:* On Some Problems of Proving the Existence of an Equilibrium in a Monetary Economy. In: The Theory of Interest Rates, edited by F. H. Hahn and F. P. R. Brechling. London 1965, S. 126-135; Takashi *Negishi:* Market Clearing Processes in a Monetary Economy. Ebenda, S. 152-163.

[67] Vgl. *Arrow/Hahn* (Fn. 22), S. 141-146; zur Kritik vgl. *Schneider:* Modell-Platonismus (Fn. 59), Teil II b; *ders.:* (Fn. 19), S. 471-473.

[68] *Hahn* (Fn. 7), S. 308 f.; implizit ist damit auch das Musterbeispiel von „Börse", *Walras* (Fn. 9), S. 45-47, 267 zurückgewiesen.
Damit trifft der Einwand („The general equilibrium of the long period is by definition an equilibrium in all markets, including the capital market"; Bertram *Schefold:* Price Theory: Special Model or General Theory of Value? In: The American Economic Review, Papers and Proceedings, Vol. 75 (1985), S. 140-145, hier S. 140) nicht das Arrow-Debreu-Modell, von dem aus Hahn üblicherweise argumentiert. Vermutlich ist ein generelles Gleichgewicht unter Einschluß des Kapitalmarkts (des Systems aller Finanzmärkte) überhaupt nicht konsistent zu definieren.

118 D. Schneider

Wirtschaftssubjekten wirtschaftliche Entscheidungen" trifft, „nicht in ein Chaos mündet. Dem ‚gesunden Menschenverstand' zufolge müßte es ein sicherer Weg in die Anarchie sein, wenn Millionen habgieriger, selbstsüchtiger ... Individuen ihre eigenen Ziele verfolgten ... Die Theorie des allgemeinen Gleichgewichts, wie sie in ihrer klassischen Form durch Arrow und Debreu (1954 und 1959) entwickelt wurde, stellt fast das Ende dieses Weges dar"[69].

Daran ist fast alles falsch oder entstellt:

Natürlich war Adam Smith nicht der erste, der die Notwendigkeit erkannte, zu untersuchen, warum die Handlungen selbstsüchtiger Personen nicht in eine Anarchie münden. In Hobbes' Leviathan wird das Problem des „Krieges eines jeden gegen jeden" sehr viel deutlicher beschrieben[70]. Aber die ausschlaggebende Kritik knüpft nicht an die wissenschaftsgeschichtliche Oberflächlichkeit Arrow/Hahns an, sondern an ihr Mißverständnis über das hier zu lösende Problem:

Hobbes und viele nach ihm sehen die Gefahr eines Chaos nicht in dem „gesunden Menschenverstand", sondern aufgrund eines Modells einer menschlichen Gesellschaft im *Urzustand*, in dem keinerlei Institutionen im Sinne vertraglich oder durch Sitte geregelter Handlungsabläufe bestehen. Durch die Entwicklung einer Lehre von den Institutionen einer menschlichen Gesellschaft suchen sie die Gefahr der Anarchie zu bannen: im Gesellschaftsvertrag zur Begründung eines Staates, in einer Handelnsordnung mittels Privat-Eigentum und der Gewährleistung eines regelmäßigen Tausches in organisierten Märkten usw.

Die allgemeine Gleichgewichtsanalyse erklärt aber keine Institutionen[71], sondern im Gegenteil: In der allgemeinen Gleichgewichtsanalyse nach Arrow und Debreu sind alle Institutionen (bis auf eine) wegdefiniert, weil für den mathematischen Existenzbeweis vorausgesetzt wird, daß die Schnittmenge zwischen Konsumplänen und Produktionsplänen leer sein muß. Die einzige Art von Institutionen, deren Existenz exogen vorausgesetzt und damit gerade nicht erklärt wird, sind vollkommene und vollständige Märkte für Verfügungsrechte, die ein Versichern gegenüber unerwünschten Folgen aller denkbaren künftigen Zustände der Welt erlauben: also eine empirisch nicht zu organisierende Art von Institutionen.

---

[69] *Hahn* (Fn. 5), S. 154; ähnlich *Arrow/Hahn* (Fn. 22), S. 1 f.

[70] Thomas *Hobbes:* Leviathan ore The Matter Forme and Power of Common-Wealth Ecclessiasticall and Civill. London 1651; deutsch: Leviathan. Neuwied und Berlin 1966, S. 98.

[71] Neuerdings hat Rudolf *Kötter:* General Equilibrium Theory — An Empirical Theory? In: Philosophy of Economics (Fn. 27), S. 103-117, versucht, die allgemeine Gleichgewichtstheorie als „a germ — cell of a general theory of economic institutions" (S. 117) zu deuten. Dies erscheint wegen des in Fn. 6 ausgeführten und des Folgenden unzutreffend.

Es kann auch keine Rede davon sein, die Theorie des allgemeinen Gleichgewichts gebe „wenigstens zum Teil eine abstrakte Antwort auf eine abstrakte und wichtige Frage ...: Kann eine dezentralisierte Wirtschaft, die mit Preissignalen als der einzigen Marktinformation auskommt, Ordnung erzeugen"?[72] Vielmehr gilt: *Die allgemeine Gleichgewichtsanalyse beweist, daß im Gleichgewicht Preissignale einen Informationsgehalt von null haben, also für das Markthandeln überflüssig sind;* denn die Preise im generellen Konkurrenzgleichgewicht sind aufgrund der Axiomatik eine zwingende logische Folge der gesetzten Prämissen. Eine mathematische Implikation kann aber kein Wissen über die Wirklichkeit schaffen: „Durch ein rein logisches Verfahren kann niemals Gehalt gewonnen werden"[73]. Was der mathematische Existenzbeweis liefert, ist Wissen, das allenfalls „neu ist im psychologischen Sinne", also von den sog. „Haushalten" und „Unternehmungen" in diesem Modell, obwohl logisch erzwungen, bisher nicht durchschaut worden ist. Das heißt genauer, daß die Preise im allgemeinen Gleichgewicht, weil logisch durch die anderen Prämissen erzwungen, gar nicht „Ordnung erzeugen" können: *Die „Ordnung" der dezentralisierten Wirtschaft besteht auch ohne Preise,* weil die reellen Zahlen, deren Existenz der mathematische Beweis belegt, lediglich ein *strukturgleiches Abbild* für eine vorher erdachte „empirische Struktur" darstellen, der diese Ordnung bereits innewohnen muß.

Preissignale, die „Ordnung erzeugen" könnten, betreffen einen ganz anderen Sachverhalt: Beobachtbare Marktpreise in einem beliebigen Ungleichgewicht müßten „unternehmerische" Arbitragehandlungen (Käufe und Verkäufe) auslösen, als deren Folge ein Gleichgewichtszustand mit der Eigenschaft der Pareto-Optimalität *errichtet wird.* Aber genau diese Errichtung eines Gleichgewichtszustandes können walrasianische Gleichgewichtsmodelle nicht beweisen.

Wie wenig auch nicht-walrasianische Gleichgewichtssysteme hier bisher weiterführen, belegt die Diskussion um „rationale Erwartungen". Die Erwartungen eines Marktteilnehmers heißen u.a. dann rational, wenn bei gegebener Menge an Informationen die subjektive Wahrscheinlichkeitsverteilung dieses Marktteilnehmers über den künftigen Preis jener Wahrscheinlichkeitsverteilung gleicht, die für den künftigen Gleichgewichtspreis aufgrund der Erwartungen aller Marktteilnehmer sich bildet[74]. Vermutlich will Hahn seine dunkel erweiterte Gleichgewichtsdefinition an die Lehre von den rationalen Erwartungen anknüpfen: „An economy is in equilibrium when it generates messages which do

---

[72] *Hahn* (Fn. 5), S. 157; vgl. dazu näher *Schneider* (Fn. 19), S. 468 f.

[73] Rudolf *Carnap:* Einführung in die symbolische Logik. 2. Aufl., Wien 1960, S. 21, im Original gesperrt. Darauf zielt auch das Urteil ab von Hans *Mayer:* Der Erkenntniswert der funktionellen Preistheorien. In: Die Wirtschaftstheorie der Gegenwart, zweiter Band. Wien 1932, S. 147-239b, hier S. 239a.

[74] Vgl. John F. *Muth:* Rational Expectations and the Theory of Price Movements. In: Economeïica, Vol. 29 (1961), S. 315-335, hier S. 316f.; vgl. auch den Überblick bei James S. Jordan and Roy *Radner:* Rational Expectations in Microeconomic Models: An Overview. In: Journal of Economic Theory, Vol. 26 (1982), S. 201-223.

not cause agents to change the theories which they hold or the policies which they pursue"[75].

Doch mit einer solchen Neudefinition wird das von walrasianischen Gleichgewichtsmodellen nicht gelöste Problem der Errichtung eines Gleichgewichtszustandes lediglich in die Frage verlagert: Auf welche Weise erlangen einzelne „Haushalte" und „Unternehmungen" Kenntnis über die Eigenschaften der zum Gleichgewicht führenden Wahrscheinlichkeitsverteilung? Eine Antwort auf diese Frage setzt aber schon das Wissen voraus, wie ein Gleichgewichtszustand errichtet werden kann.

Erst recht erscheint absurd, wenn Hahn als „sonstige Errungenschaft" der allgemeinen Gleichgewichtstheorie und als „*Grundelement der neoklassischen Theorie*" hervorhebt, daß „*die Wirtschaftssubjekte für sie vorteilhafte Entscheidungen, sofern sie ihnen offenstehen, auch durchsetzen werden*"[76].

Abgesehen von der unordentlichen Sprechweise (im Gleichgewicht gibt es nichts durchzusetzen) ist der Satz, daß die Wirtschaftssubjekte für sie vorteilhafte Entscheidungen auch durchsetzen werden, überhaupt kein Modellergebnis der neoklassischen Theorie, sondern Nutzen- bzw. Gewinnmaximierung wird den Konsumenten- bzw. Produzentenplänen exogen vorgegeben; Organisationen, in denen eigene Entscheidungen gegenüber anderen Personen durchgesetzt werden müssen, sind in dieser Theorie wegdefiniert.

Wenn Hahns Satz überhaupt einen Sinn hat, dann umschreibt er Poppers situationslogisches Rationalprinzip: Ein vernünftiger Mensch handelt seinem Entscheidungsmodell gemäß, also eine methodologische Vorentscheidung, die dem Bilden vieler Theorien vorgelagert ist, und zu der Popper ausdrücklich sagt, er gehe hier mit Marx einig[77].

Warum die allgemeine Gleichgewichtsanalyse als Lösungsansatz für das Wirtschaftsordnungs-Problem scheitern muß, ist leicht zu erkennen. Die Frage „Wie vermeidet eine menschliche Gesellschaft bei mangelhaftem und insbesondere ungleich verteiltem Wissen Anarchie?" geht vom Zustand der *Indeterminiertheit* der gesellschaftlichen Welt aus: Gesucht werden Regelungen, um Ordnung zu schaffen.

---

[75] F. H. *Hahn:* On the notion of equilibrium in economics. Cambridge 1973, S. 25; ähnlich Michael *Rothschild:* Models of Market Organization with Imperfect Information: A Survey. In: Journal of Political Economy, Vol. 81 (1973), S. 1283-1308, hier S. 1301 „What equilibrium is in a particular market depends on what individuals in that market know".

[76] *Hahn* (Fn. 5), S. 161; unzutreffend ist auch seine Behauptung (S. 159 f.) über die Bedeutung von Opportunitätskosten für die Erklärung und die Planung „in der intertemporalen Analyse — oder unter Einbeziehung der Produktion", da man Opportunitätskosten erst kennt, wenn man das Optimum selbst kennt.

[77] Vgl. Karl R. *Popper:* The Open Society and its Enemies. Vol. II, 1. Aufl. London 1945. 5. Aufl. 1966, S. 97.

Demgegenüber behauptet das der Mechanik entlehnte Gleichgewichtsdenken: Es existiert als Endzustand ein Gleichgewicht der Kräfte, in dem Institutionen mit ihren *Regelungen, die „Ordnung" schaffen, belanglos werden*, weil Preise allein die Aufteilung knapper Mittel abbilden können. Der allgemeinen Gleichgewichtsanalyse liegt die Vorstellung einer strengen *Determiniertheit* der menschlichen Gesellschaft zugrunde (auch für die ungewißheitsmodellierende Welt der Arrow/Debreu-Märkte, in der die „Kooperation" der Pläne aller Konsumenten und Produzenten für alle Zukunft einmalig im Planungszeitpunkt erfolgt). Nichts dürfte das Problem der Wirtschaftsordnung so verfehlen wie die Vorstellung einer mechanischen Determiniertheit der menschlichen Gesellschaft.

III. Gründe für den erfahrungswissenschaftlichen Niedergang des Forschungsprogramms „allgemeine Gleichgewichtsanalyse"

1. Das Forschungsprogramm „allgemeine Gleichgewichtsanalyse" beginnt mit einem gegenüber später engen erfahrungswissenschaftlichen Anspruch: zu erklären, wie auf einem Markt bei gegebener Marktzufuhr einer Vielzahl von Gütern sich die Preise bestimmen, falls kein Marktteilnehmer Einfluß auf die Preishöhe nehmen kann und der Markt einmalig geräumt werden soll (Isnard, 1781). Über Cournot 1838 und durch Walras 1874 erfolgt im Hinblick auf diese enge Problemstellung ein erfahrungswissenschaftlicher Aufstieg: die Präzisierung des Begriffs der unbeschränkten Konkurrenz und der Nachfragefunktion bei Cournot, das Erkennen und versuchsweise Lösen des Problems, wie ein Gleichgewichtszustand errichtet werden könnte (über Arbitragehandlungen bzw. „par tâtonnement" bei Walras).

Walras erweitert den erfahrungswissenschaftlichen Erklärungsanspruch, indem er das aus der Mechanik entlehnte Vorbild vom Gleichgewicht sog. Kräfte als „Wesenszusammenhang" einer naturrechtlichen Preisbildung auf die Marktpreisbildung mittels Nachfrage- und Angebotsfunktion überträgt. Dabei soll eine auf Grenznutzen basierende Werttheorie das Ganze zusammenhalten, die Interdependenz sämtlicher Wirtschaftsgrößen in ihrem „Wesen" bestimmen. Mit der Erweiterung des Erklärungsanspruchs, im „Grenznutzen" und „allgemeinem Gleichgewicht" das grundlegende Konzept ökonomischer Theorienbildung vorzutragen, überspannt Walras die Problemlösungsidee; denn seine Beweisversuche zur Errichtung eines Gleichgewichtszustandes versagen schon für den einfachsten Fall eines Tauschgleichgewichtes ohne Produktion.

Walras scheitert an einer mikroökonomischen Fundierung der naturrechtlichen „Wesenszusammenhänge" in der Preisbildung nicht zuletzt deshalb, weil er den Unternehmer (bzw. die Unternehmung, den Produzenten) zum wirtschaftlich wesenslosen (= einkommenslosen) Schema degradiert, um eine Einkommenslehre für „Klassen" von Landeigentümern, Kapitalisten, Arbeitern zu entwickeln.

Die mathematisch konsistente Rekonstruktion bzw. Weiterentwicklung des
walrasianischen Gleichgewichtsmodells durch Arrow/Debreu verbirgt die
erfahrungswissenschaftliche Entleerung zusätzlich durch eine gegenüber Walras
verdunkelte Semantik, insbesondere eine Nicht-Modellierung von „Ökonomien
mit Privateigentum" bei vom Himmel gefallener Vollständigkeit der Märkte für
bedingte Ansprüche.

Der mit der allgemeinen Gleichgewichtsanalyse noch in jüngster Zeit durch
Arrow/Hahn verbundene normative Anspruch, das Problem der Wirtschaftsordnung zumindest „abstrakt", aber jedenfalls besser als andere Denkansätze,
zu lösen, läßt sich nicht aufrechterhalten. Beide Male segelt die allgemeine
Gleichgewichtsanalyse windschief an den angepeilten Problemen vorbei.

2. Das Forschungsprogramm „allgemeine Gleichgewichtsanalyse" hat bislang keine neuen Tatsachen mit Erfolg vorhersagen können. Es degeneriert nicht
nur deshalb, weil sein mathematisches Wachstum hinter seinem (fehlenden)
„empirischen" Wachstum zurückbleibt, sondern weil erfahrungswissenschaftlicher Gehalt überhaupt erst durch Zurücknahme eines beabsichtigten Erklärungsanspruchs „Wie arbeitet eine freie Konkurrenzwirtschaft?" möglich wird.
Nur durch eine nachträgliche Umwidmung der Aufgabenstellung allgemeiner
Gleichgewichtsanalyse läßt sich eine Hoffnung auf künftigen erfahrungswissenschaftlichen Gehalt bewahren.

Dabei erscheint heute schon die *erste Auffangstellung* durchbrochen. Sie
lautet: Nicht für den Gleichgewichtszustand selbst, sondern nur für eine
„Tendenz zum Gleichgewicht" wird empirische Gültigkeit beansprucht. Dieser
Rückzug findet sich ansatzweise schon bei Walras (Fn. 40, 53) und Pareto
(Fn. 52), sowie ausdrücklich bei Hayek, für den die Tautologien der Gleichgewichtsmodelle, wenn überhaupt, so nur dann empirischen Gehalt besitzen, falls
eine Tendenz zum Gleichgewicht als empirisches Gesetz existiert. „Nur durch die
Behauptung, daß eine solche Tendenz besteht, hört die Nationalökonomie auf,
eine Übung in reiner Logik zu sein, und wird eine empirische Wissenschaft"[78].
Aber der Beweis, daß die Tendenz zum Gleichgewicht als empirische Gesetzmäßigkeit besteht, ist bis heute nicht geführt, und die Behauptung selbst erscheint
bislang gar nicht testbar[79].

Möglicherweise ist die Rücknahme des empirischen Gehalts auf eine wissenschaftliche Hoffnung zukünftiger empirisch gehaltvoller Bildung erklärender
Theorien die heute unter Gleichgewichtstheoretikern vorherrschende Auffassung. Eindeutig belegen läßt sich das angesichts ihrer methodologisch unbedarf-
ten Äußerungen nicht. So stellt sich Hahn zum einen als „naiver
Falsifikationist"[80] vor: „If ever a theory was straightforwardly falsified it is the

---

[78] F.A. *von Hayek:* Economics and Knowledge. In: Economica, Vol. 4 (1937), S. 33-
54; deutsch als: Wirtschaftstheorie und Wissen, in: Individualismus (Fn. 81), S. 49-77,
hier S. 63.

[79] Vgl. die Quellen in *Schneider* (Fn. 6), Fn. 47, *ders.* (Fn. 19), S. 510-517.

[80] Dazu *Lakatos* (Fn. 12), S. 113 f.

theory of the American economy in Arrow-Debreu equilibrium"[81]. Doch der Augenschein falsifiziert niemals eine Theorie; denn dann wäre Newtons Gravitationsgesetz schon widerlegt, wenn ein Windstoß Blätter hochwirbelt oder ein Ball nach dem Fall wieder aufspringt. Zum anderen behauptet Hahn: Die Theorie liefere „a benchmark. By this I mean that it serves a function similar to that which ideal and perfectly healthy body might serve a clinical diagnostician when he looks at an actual body".

Das ist alles andere als eine klare Kennzeichnung des empirischen Gehalts der allgemeinen Gleichgewichtsanalyse, zumal der Vergleich fehlerhaft ist: Ein diagnostizierender Arzt stellt sich keinen idealen und vollkommen gesunden Körper vor; denn im Unterschied zur Wirtschaftstheorie der letzten hundert Jahre versucht der nach Krankheitsursachen suchende Arzt nicht, einen Optimalzustand zu definieren. Sondern der Diagnostiker prüft, ob bestimmte Meßwerte innerhalb oder außerhalb eines Erfahrungsspektrums (Normbereichs) liegen, wobei er weiß, daß eine einzelne Normabweichung für sich allein regelmäßig fast nichts besagt. Bei der Diagnose (also der Suche nach Erklärungen für das, was ist) einen Idealzustand mit Beobachtungen zu vergleichen: Das hat schon Schiller als das Kennzeichen von Satire herausgestellt[82].

Der Vergleich eines Ists mit einem Soll (Ideal) wird nicht zur Satire bei auf Handlungsempfehlungen und auf Messungen abstellenden Wirtschaftszielen. Hierfür erscheint ein Restanspruch an erfahrungswissenschaftlichem Gehalt für das Forschungsprogramm „allgemeine Gleichgewichtsanalyse" durch folgenden Rückzug von der Ebene des Bildens erklärender Theorien auf eine (metatheoretische) Ebene methodologischer Vorentscheidungen gerettet werden zu können.

Die *zweite Auffangstellung* lautet: Separationstheoreme, wie sie aus Marktgleichgewichtsmodellen folgen, zeigen, unter welchen Bedingungen ein Beobachtungssachverhalt (z. B. Kapitalstruktur) *keinen* Einfluß auf einen anderen Beobachtungssachverhalt (z. B. Marktpreis einer Unternehmung) nimmt. Wird dieser Gedanke der Trennbarkeit gegenseitiger Abhängigkeiten über Konkurrenzgleichgewichtspreise verallgemeinert, so erklärt die allgemeine Gleichgewichtsanalyse nicht, wie eine Wettbewerbswirtschaft funktioniert, sondern sie beschreibt die *Bedingungen für einen Ruhezustand einer Wirtschaft, unter denen Wettbewerb nicht mehr möglich ist.* Das Wissen, was den Ruhezustand auszeichnet, in dem Wettbewerb erloschen ist, könnte die Untersuchung des Wettbewerbs, wie er in einem Wirtschaftssystem tatsächlich abläuft, erleichtern: Darin liegt die Rechtfertigung für methodologische Vorentscheidung, die Erforschung einer Wettbewerbswirtschaft mit der mathematischen Explikation eines Zustandes zu beginnen, in dem Wettbewerb erloschen ist.

---

[81] *Hahn* (Fn. 7), S. 308 f.
[82] Vgl. *Koblitz, Rieter* (Fn. 4), S. 250.

Die Zurücknahme des empirischen Gehalts der allgemeinen Gleichgewichtsanalyse auf einen Aussagezusammenhang über die Bedingungen, wann Wettbewerb erloschen ist, weil sämtliche Arbitragegewinne (nicht aber Renteneinkommen) weggeschwemmt sind, könnte in einer normativen Theorie, wie der
Theorie der Wettbewerbspolitik, zur Begründung von Rechtsgeboten (Regulie-
rungen) dienen, die z. B. einen weniger ungleich verteilten Informationsstand
von Marktbeteiligten bzw. bei Principal-Agent-Abhängigkeiten (Anteilseigner-
Manager, Sparer-Kreditinstitute) zu verwirklichen suchen und eine Marktver-
vollständigung durch den Handel zusätzlicher risikodiversifizierender Verfügungsrechte erleichtern; denn die Beschäftigung mit den Bedingungen des
Nullpunkts von Wettbewerb hat zumindest die Bedeutung erkennen lassen, die
einem möglichst gleich verteilten Wissensstand und die einer Marktvervollstän-
digung durch den Handel mit Verfügungsrechten in Form bedingter Ansprüche
für die Norm „Allokationseffizienz" zukommen; unabhängig davon, ob der
Begriff „Allokationseffizienz" in seiner modelltheoretischen Form als Grundlage einer Wettbewerbspolitik geeignet erscheint oder nicht.

Darüber hinaus erläutert die allgemeine Gleichgewichtsanalyse die Voraussetzungen, wann Rangordnungsaussagen über persönliche Einschätzungen von
Sachverhalten in reellen Zahlen und damit bei Wahl einer geeigneten Semantik
in quantitativen Begriffen abgebildet werden können. Sie kann insoweit als
axiomatische Grundlegung für eine Theorie der *einzelwirtschaftlichen* Planungs-
und Kontrollrechnungen dienen, wobei in dem „einzelwirtschaftlich" ein
„wohlwollender" Diktator, der eine sozialistische „Wirtschaftsrechnung" aufzubauen sucht, eingeschlossen werden kann. Diese Forschungen, beginnend mit
einer Arbeit *Barones*[83], weisen auf ein drittes „empirisch" gehaltvolles Wissen-
schaftsziel der allgemeinen Gleichgewichtsanalyse jenseits erklärender und
normativer Theorie hin: Grundlage einer Theorie der „Wirtschaftsrechnung" zu
sein. Drastisch ausgedrückt: Der erfahrungswissenschaftliche Gehalt der allgemeinen Gleichgewichtsanalyse schrumpft hier auf die Grundlagen zu einer
Theorie der Buchhaltung zusammen; und was sie für die Verbesserung von
Planungs- und Kontrollrechnungen in einzelnen Unternehmungs- oder sozialistischen Staatsorganisationen zu leisten vermag, ist noch nicht im einzelnen
ausgelotet[84].

3. In der „Beantwortung der spezifischen Fragen, die die Gleichgewichtstheorie „nach Ansicht ihrer Anhänger" stellt" (Fn. 5), insbesondere für das

[83] Vgl. Enrico *Barone:* Il ministro della produzione nello stato colletivista (1908),
englisch: The Ministry of Production in the Collectivist State. In: Collectivist Economic
Planning, hrsg. von F. A. Hayek. London (1935). 6. Aufl. 1963, S. 254-290; zum heutigen
Stand der Diskussion vgl. Don *Lavoie:* Rivalry and Central Planning. The socialist
calculation debate reconsidered. Cambridge 1985.

[84] Vgl. näher Dieter *Schneider:* Origins in the Theory of Management Accounting. In:
Quarto Congresso Internazionale di Storia della Ragioneria. Università degli Studi di
Pisa, Facoltà di Economia e Commercio. Pisa 1985, S. 715-739, bes. S. 715-720; *ders.*
(Fn. 19), S. 284, 403f.; zum Folgenden dort S. 516f.

Erzeugen von „Ordnung" in einer dezentralisierten Volkswirtschaft, versagt die allgemeine Gleichgewichtsanalyse vollständig: Naturrechtliche Wunschvorstellungen vom Ineinandergehen von Sollen (Allokationseffizienz) und Sein (Markthandeln), gekoppelt an das aus dem naturwissenschaftlichen Denken des 18. Jahrhunderts entlehnte Vorbild eines mechanischen Gleichgewichts, und eine leichtfertige Semantik für mathematische Symbole haben jenen weiten Bereich der Wirtschaftstheorie, der heute „Neoklassik" mit einem harten Kern „allgemeine Gleichgewichtsanalyse" genannt wird, übersehen lassen, wie abwegig von vornherein eine Problemlösungsidee war, die „Organisation der gesellschaftlichen Produktionsverhältnisse" durch ein gegenseitiges Abstimmen von Wirtschaftsplänen freier Menschen über Märkte als Koordinations-*Mechanismus* zu begreifen:

— zum einen, weil in die Wirtschaftspläne eines jeden einzelnen Menschen zum überwiegenden Teil Wissen eingeht, das in den Wirtschaftsplänen anderer Menschen fehlt, und

— zum anderen, weil unstreitig zu beobachten ist, daß ex post sich bei vielen Menschen der Wirtschaftsplan nicht verwirklicht.

Deshalb trifft lediglich zu, daß in einer Volkswirtschaft mehr Abhängigkeiten *vorhanden sein werden* als in der Vereinigungsmenge aller Wirtschaftspläne der einzelnen Menschen *enthalten sein können.* Damit vermag aber kein *Mechanismus* (der definitionsgemäß nicht über mehr Erfahrungswissen verfügen kann, als ihm von Menschen vorher einprogrammiert wurde) eine Tendenz auf ein markträumendes Gleichgewicht hin als empirische Gesetzmäßigkeit herzuleiten.

Das zähe Anklammern an eine von vornherein verfehlte Problemlösungsidee kommt nirgends deutlicher zum Ausdruck als in der zweifelnden Frage: Wenn das Gleichgewicht als Leitbild einer Theorienbildung verworfen wird, bestehen dann nur Ungleichgewichte? Von einem Ungleichgewicht zu reden, also einem Non-A, hat nur erfahrungswissenschaftlichen Sinn, soweit A (das Gleichgewicht) selbst Sinn besitzt.

Die Zukunft der Wirtschaftswissenschaft als erfahrungswissenschaftlicher Theorie liegt deshalb weder in einer Gleichgewichtstheorie noch in einer Ungleichgewichtstheorie, sondern in einer Theorienbildung jenseits der Unterscheidung zwischen Gleichgewicht und Ungleichgewicht. Für die „Organisation der gesellschaftlichen Produktionsverhältnisse" bietet eine „überzeugende Alternative" (Fn. 5) zur Gleichgewichtstheorie schon die bislang noch sehr wenig ausgebaute Lehre von den Unternehmerfunktionen (Fn. 6, 19), weil sie wenigstens ansatzweise erklären kann, wie Unsicherheiten verringernde („Ordnung erzeugende") Institutionen zustandekommen.

MIX
Papier aus verantwortungsvollen Quellen
Paper from responsible sources
FSC® C105338

Printed by Libri Plureos GmbH
in Hamburg, Germany